高等教育的国际视野

——充满挑战的理念与实践

（英）Trevor Kerry　编著
李有增　译

首都师范大学出版社
CAPITAL NORMAL UNIVERSITY PRESS

图书在版编目(CIP)数据

高等教育的国际视野：充满挑战的理念与实践/(英)克里(Kerry，T.)编著；李有增译．—北京：首都师范大学出版社，2013.3

ISBN 978-7-5656-1477-4

Ⅰ.①高… Ⅱ.①克… ②李… Ⅲ.①高等教育-国际学术会议-文集 Ⅳ.①G64-53

中国版本图书馆 CIP 数据核字(2013)第 060189 号

北京市版权局著作权合同登记号图字：01-2013-1980 号
本书简体中文版权通过凯琳国际文化版权代理引进
(www.ca-link.com)

GAODENG JIAOYU DE GUOJI SHIYE
高等教育的国际视野
——充满挑战的理念与实践
(英)Trevor Kerry 编著
李有增 译

责任编辑 张慧芳
首都师范大学出版社出版发行
地 址 北京西三环北路 105 号
邮 编 100048
电 话 68418523(总编室) 68982468(发行部)
网 址 www.cnupn.com.cn
北京集惠印刷有限公司印刷
全国新华书店发行
版 次 2014 年 4 月第 1 版
印 次 2014 年 4 月第 1 次印刷
开 本 787mm×1 092mm 1/16
印 张 13.25
字 数 165 千
定 价 34.50 元

作者简介

Paul Bacsich 在英国开放大学任职多年，曾任电子媒介研究组组长，该研究组是开放大学知识媒介研究所的前身之一。自 1994 年起，他开始对虚拟大学进行研究。1996 年，英国谢菲尔德哈莱姆大学委任他为远程信息处理学科的教授，他在教育研究集团内建立了虚拟校园和远程信息处理系统。在此之后，他通过自己的信息技术媒体公司提供咨询，任职英国网络大学特别项目负责人。后来他常年对教育基准方面的问题提供顾问咨询辅导，并长期为高等教育学院提供网络学习规范和变革管理方面的顾问咨询。Paul Bacsich 现任 Sero 咨询公司的高级顾问，他在公司中成功申办并运作两个大型终身学习计划，分别着重于虚拟校园方面和开放教育资源方面。另外他还是英国密德萨斯大学的客座教授。他为英格兰、威尔士和瑞典的数所大学提供服务，并与多国研究人员进行合作。

Christina Hughes 是英国华威大学社会科学学院院长。她主要研究女权主义理论的发展以及该理论在性别领域、教育领域、工作领域和就业领域的应用。她是性别与教育协会的主要创始人之一，目前任职于性别、工作和组织董事会。同时，Christina 长久以来对研究方法论有着浓厚的兴趣。2011 年 Taylor and Francis 出版集团出版了她和 R. Cohen 共同编写的 *Feminism Counts：Quantitative Methods and Researching Gender*，这是她的最新出版物。

Carolle Kerry 毕业于英国公开大学，并在英国林肯大学获得了校长绩效管理专业的博士学位。她曾长期担任小学董事、副主席和主席，并成为了师范学院学校治理方向的研究员。Education Today、

Managing Schools Today、Curriculum 及 Gifted Education International 都曾刊登过 Carolle 的期刊文章。她曾与 Michael Farrell 和 Trevor Kerry 共同编写图书 *The Blackwell Handbook of Education*。她曾在地方政府任职，在英国诺福克郡议会的公关部门工作时，主编出版了 *Norfolk County Guide*。

Trevor Kerry 是英国林肯大学的首位名誉教授，也是英国格罗斯泰斯特主教大学的客座教授。他曾任教育学教授、教师学院高级副院长及院长，现今在英国布鲁克威斯顿学院担任主席。他曾在教育的各个阶段进行教学活动，编写和主编过30多本书籍和近200篇学术文章以及上百篇关于政治、社会、经济和野生动植物方面的新闻(有些文章使用笔名)。Trevor Kerry 还是一位摄影爱好者，“国际色彩奖”评委会曾授予他名誉色彩大师(2006年、2010年)，“黑白蜘蛛摄影奖”评委会赋予他特别会员的身份(2006年、2011年)。

Gordon Kingsley 是英国林肯郡哈拉克斯顿大学的校长。他曾在美国长期从事教育事业，在美国杜兰大学、密西西比大学、路易斯维尔大学和威廉贾维尔大学教授文学。在威廉贾维尔大学执教期间，他曾任学院院长和主席。Exxon 基金会赞助的研究表明他是美国成功高校领导中的佼佼者，而他时任威廉贾维尔大学主席。他还曾在地方和国家的数个市民、教育、文化和教堂董事会任职，如今的工作为他带来了无尽的满足感和幸福感。

Rosie Le Cornu 是南澳大利亚大学教育学院教师教育方向的副教授，任教并管理该方向的教学经验课程。她在该领域已有超过20年的工作经验，与学校导师、教学协调员、职前教师和大学同事等校本教师合作开发职业经济中的职业学习。她在教学经验方面有着大量著作，曾出版多篇关于朋辈导师、课程学习包罗性、信息通信技术的应用、文化重构和学习型社区的文章。由于她在教学经验方面长期勇于创新、不断探索，2009 年，澳大利亚教师教育协会和澳大利亚皮尔森教育集团赋予她澳大利亚年度教师奖。她是教学经验研究组负责人，积极倡导建立在批判性反思、伙伴关系和互助学习基础上的教学经验改革。

Kent Löfgren 2001 年获得瑞典于默奥大学教育学博士学位，现今任该校教育系讲师及研究员。他的主要研究方向为课程创新与学习、测验效度与信度以及欧洲高等教育中的跨国挑战。他的研究涵盖信息通信技术、学习测验、标准化测验(用途、结果和信度)以及与国防和安全政策相关的问题，定量研究和定性研究方法也是他研究的重要内容。此外，他还是欧盟委员会教育和学习项目的负责人、专家和评论家。

Fengshu Liu 是挪威奥斯陆大学教育研究所的研究员，主要研究“现代化的生活经验：中国和挪威三代年轻男女的身份构建”(这项研究由挪威研究理事会赞助，研究期限为 2011 年 7 月 1 日至 2015 年 7 月 1 日)。她的最新出版物涵盖以下主题：年轻人与因特网的跨文化比较、中国城市青年与因特网、中国青年与网吧、中国独生子女身份构建、独生子女家庭中的代际关系、中国大学生对中产阶级身份的自我构建、性别和教育、中国农村青年和教育、文化与教育等。她的最新出版物 *Urban Youth in China: Modernity, the Internet and the Self* 于 2011 年由劳特利奇出版社出版。

Terfot A. Ngwana 是英国利物浦大学教育专业博士生导师、英国格罗斯泰斯特主教大学教育职业发展系客座导师。美国大学教育行政理事会赋予他杰克逊学者称号，自 2001 年起，他就在英国进行教学与学习，研究高等教育。目前他的研究方向主要包括高等教育核心课程学习与教育领域的继续职业发展。

Muriel Robinson 有十年小学执教经验，获得语言文学教育硕士学位，并在英国布莱顿大学从事教师教育。在那里她对媒体之间的相互关系产生了浓厚的兴趣，她的博士论文主要探讨了阅读与电视在叙述方面的关系。在英国布莱顿大学任职 14 年，自 2003 年 9 月，她被委任为纽曼学院和英国林肯郡格罗斯泰斯特主教大学副校长(主要负责学术质量)。她研究的主要方向仍是媒介素养，但由于过去和现在的职位，她对领导力也产生了兴趣。

Tom Sherwood 2009 年前在加拿大渥太华卡尔顿大学任基督教牧师，他是全校唯一的全职宗教专业人士，管理 20,000 名信奉不同宗教信仰的学生。2009 年加拿大联合教会委任他为 McGeachy 高级学者。他还是加拿大卡尔顿大学社会学兼职教授，讲授宗教多样性和公共生活中的宗教，主要研究青年人的宗教性和精神性。

Malcolm Tight 是英国兰卡斯特高等教育教授，曾在英国华威大学、英国伦敦大学伯克贝克学院和英国开放大学工作。1999 年起，他开始任国际重要期刊 Studies in Higher Education 编辑。他的研究主要是综述国际高等教育研究现状和英国高等教育发展状况。

目　录

前　　言

变化中的高等教育：挑战与机遇

Trevor Kerry

高等教育的自动人行道

Arthur C. Clarke 在他的一本小说中借鉴了 H. G. Wells 提出的某种设想，城镇和城市的人行道是自动的，无数不知名的人们踏上这条路，在各自的目的地离开。Clarke 在借鉴的同时将这个想法进一步扩展，路的两端是固定的，中间部分以惊人的速度移动着。于是，人们逐渐开始用自动人行道来形容高等教育的世界。

上述的自动人行道是由某种强大却看不见的机制决定的，这种想象很适合用来比喻 21 世纪的高等教育。但其实对于高等教育，还存在另一种比喻，那就是"出卖传家宝"。大学似乎不断遭到炮轰，以至于不能坚守长期保有的做法、自我形象，甚至准则，以满足来自千里之外的财政命令所赋予它们的财政义务，而这些决定的制定实则与教育无关。

因此，财政缺口下的动荡与妥协似乎才是当今对高等教育的定义。这种描述似乎很消极，但对其细致地描述会更加惨淡。

高等教育的近期历史

对大学近期历史稍有了解的人都知道，大学的确处在动荡之中。1999 年英国首相 Tony Blair 计划到 2010 年时，30 岁以下的青年中有一半可以接受高等教育，自此开始了大学在现代的动荡。这场扩张运动被称为教育大众化，具体来说，它的目标是促进来自贫困家庭和少数民族的青年接受教育。以往接受高等教育的人数占总人数的5%，但在2004年这个数字达到了44%左右(DFES 2004)。由于各部门的统计方法不同，我们很难获得精确的数字，但教育大众化的趋势已经得到了确立。尽管如此，它的前景并不乐观，Galindo-Ruada等称：

> 20世纪90年代，穷人与富人受教育比例的差距不断扩大。对此我们是该持悲观态度还是乐观态度？与1994年相比，2001年内来自各种社会经济背景的学生都更容易步入大学。其实穷困学生接受高等教育的增长率极高，这主要是因为原来的数值太低了。然而我们的研究结果却表明，自1994年5月起，与家庭富裕的学生相比，贫困学生很难接受高等教育。实际上，在规定学生交付学费的政策出台之前，家庭收入水平与高等教育接受率之间的关系日益密切。这似乎表明，高等教育中由于收入差距造成的不平等是长期存在的，也许与高等教育减少对学生的援助以及20世纪90年代早期大学的扩张有关。

因此我们可以说，这项政策并没有失败，但也没有如预先设想的那样成功。它的成功之处在于接受高等教育的学生数量上升了，但这些学生绝大多数来自于中产阶级，而非贫困家庭，这有违制定政策的初衷。这些中产阶级的学生更了解接受高等教育的好处，更熟悉教育机构、申请流程和学习技能，更向往成功与抱负。他们太多人从这项教育创新政策中获得了利益，而这些政策施惠的对象却本是比他们更为不幸的群体。

有两个趋势可以说明这一点。首先，私立学校仍然占统治地位，尤其是人们口中的“最好的大学”(以牛津大学和剑桥大学为首)。另外，公立中学在英国少数民族地区占统治地位，大学入学率也较高(达到89.1%之高)(BBC news 2005)。萨顿信托基金会致力于调整这种不平衡现象，它曾表示：

> 该研究(University admissions by individual schools)根据英国大学和学院招生服务中心入学率的数据库，首次具体分析了2002年和2006年3700所学校和大学的入学率。研究显示：
>
> - 100所精英学校(在所有可以申请大学的学校中占不到3%)为牛津和剑桥大学提供了三分之一的生源
> - 在30所最成功的学校中，四分之一的学生被牛津和剑桥大学录取。
> - 100所精英学校中为超过六分之一的一流研究型高校——“萨顿13校”(萨顿信托基金会列出的13所最优秀的大学)录取。
>
> 在这些名校中，80%为私立学校，7%的学龄人口就读于此。分析表明录取情况并不仅仅是由A-level考试的成绩决定的。
>
> - 尽管学生A-level的平均成绩相差无几，前30所私立院校学生被牛津和剑桥大学录取的比例是公立院校的两倍。
> - 在升入大学与A-level考试成绩有关的情况下，前30所综合学校里预计能考上的学生中只有一半学生如愿进入“萨顿13校”。
> - 但是同样在升入大学与A-level考试成绩有关的情况下，前30所私立学校中进入“萨顿13校”的学生数量比预计的多三分之一。

政策的力量似乎还不如某些深刻的社会力量大，即便不是如此，有些关于本科课程的问题仍然没有得到回答。最根本的是：为什么我们要使50%的人成为大学毕业生？这个问题的答案有很多，有些关乎个人利益，而有些却关乎国家社会。

1. 社会就业状况每日俱下，因此年轻人长达五年没有工作(若这五年正好在两次大选之间，还能有些用处!)

2. 对于成功，对于奠定高质量的职业生涯，每人都应享有同等机会。

3. 由于气候变化和世界人口增长等问题，当代职场对员工能力的要求越来越高，需要具备新的技能。

新工党对高等教育的影响

以上答案可能正确，其中有些很有说服力。但新工党给出的答案建立在哲学的社会观上，与上述想法稍有不同。他们认为社会正在从工业模式(英国在工业上历来很成功，但是现在英国的廉价劳动经济正在慢慢衰落)向知识模式(未来社会买卖的对象是技能，而非物品)转变。他们总声称：

> 在当今经济全球化的时代，知识是创造财富的无形资产(http：//www. signsofthetimes. org. uk/knowledge/html)。

但还有一个问题以各种形式不断出现在我们面前：哪种课程才能满足新一代大学生和/或未来社会的需求？某学派认为只有传统的课程才有价值。反驳意见却说，科学家、数学家、学习医学和各种技术的人数激增可以为知识型社会带来利益，但人们却很难发现数量不断增加的历史学家、古典主义学者和神学家为社会发展带来的机会，这种说法是很有道理的。另一个学派在强调职业教育(这种主张在某些时候有悖于建立知识型社会)的同时，提倡设立新的学科(如新闻业、戏剧、媒体研究和针对休闲娱乐的学科)，大学中的实用主义者多支持该学派。我曾在其他文章中说过设立这些学科是很有道理的(Kerry 2010)，但有道理并不说明它们在国家范围内是有用的。高尔夫课程管理的理学士以及表演艺术管理的文学士很容易成为反对者们攻击的对象。

因此本科教育面临一个日益凸显的问题，那就是为什么要接受本科教育。人们很容易逃避这个问题，尤其是一开始国家有足够资金供养学生、开设课程，但紧接着就出现了学生贷款的难题。由此，Blair 为教育提出的好主意就变成了 Brown 必须面对的财政噩梦。后来 Brown 作为首相公开表示，工党对教育的政策看似有用，实则毫无价值。

> 我们证明了在英国，只要相信并投资开发每个孩子的潜力，就能促进社会各阶层的流动性。(http://www.labour.org.uk/gordon-browns-speech-progressive-government-conference)

好景不长。只要对工党的教育政策稍加了解就会知道，该政策使接受高等教育的人数增加了八倍，这可能会引起巨大的开销。在此之后发生了两件事，学杂费和贷款数目激增，再加上经济衰退，使得这些费用攀至史上最高水平。BBC 新闻(2011)曾报道剑桥大学学生会主席 Rahul Mansigani 对学杂费的看法：

> 新的学费制度将政府的资金负担转化为学生的高额贷款，这对于高校制度来说是一次自私且具有破坏性的打击。(http://www.bbc.co.uk/news/education/12492825)

当前经济衰退对本科生和毕业生有着重要的影响。人们一直认为接受大学教育是获得工作保障的直通路(尽管就业于公共部门的待遇并不是很高)，甚至是获得养老金的直通路，但对于今天的大学生和毕业生来说，当前的形势并不乐观。

1. 可能用 20 多年偿还学生贷款。
2. 同样是白领，工资却比原来低。

3. 工作保障大打折扣。

4. 总的来说，服务业条件降低很多。

5. 在职期间抚恤金税增加。

6. 工作寿命增长，或许会工作到70岁。

7. 退休后，养老金减少。

当然，更具有讽刺意味的是，新工党政策的另一条纲领是权力下放。也就是说，上述政策可以适用于英格兰和威尔士的学生，但苏格兰高校的学生和原来一样，不会有大量前期贷款的负担。新工党的权力下放政策(Reynolds 2008年这样描述威尔士的教育政策)逐渐消除了英国各地广泛存在的教育系统交错重叠现象，但有时这会在全国范围内引起争议：英国在教育上不再是一个统一的国家，而是分裂的国家。这样的政策有违全球化的大形势，颇具讽刺意味。

人们认为全球化可以保障一致性，但同时又让人们受到制约和束缚。全球化指在世界范围内(不仅在英国)，人们有权接受同样的高等教育。另外，全球化使各种教育体制获得了统一，而这些原本不同的体制对于世界多样化有着非凡的意义。McCall Smith(2006)在他的一本小说中塑造了一位人类学家Domenica，他强烈地表达了对全球化的反对态度。她对年轻朋友说：

> 你觉得全球化是什么？我们都变成了顺从的顾客，每个人的品味都一样，都必须让离我们很远的陌生人替我们做决定，我们既无法监督他们，也无法控制他们，谁能从中获得好处呢？……我……拒绝接受这些……我想要活在真实的文化中……决定我身边的事……我们以为这能让人们免受文化环境的压迫……但其实却从他们身上剥夺了些东西……我们以为传统的都是不好的，都是对社会不利的，阻止人类的进步。但其实传统不过是在告诉人类，我们都是社会的成员。没有了传统，我们真的就会更加热爱和尊重他人吗？……还是我们不过把每个人

都转化为了道德上的陌生人而已。

自1998年，欧洲各国逐渐加入了博洛尼亚进程。Karran和Löfgren(2010)曾描述过该进程对研究生教育的影响。有些人认为这是新自由主义政策(Nybom 2003)、更大范围的市场化以及高等教育商业化(Lorenz 2006)的产物。下文将对此进行更深入的阐述。

英国政治部门发生的改变延缓了高等教育的转变进程，降低了高等教育在国民心理中的地位。高等教育曾是教育部最出色的部门，而现今却脱离了教育体制，教育阶段不再是个连续的整体。2007年高校移至国会议员John Denham领导的创新、高校与技能部，这是新工党最重视的部门，可是不久后就撤销了。2009年，高校成为了商务、创新与技能部的分支，受Mandelson勋爵(新工党的“黑魔王”)的管理。网络杂志Personnel Today称Mandelson想要让该部“保证英国的商业能够在将来的世界经济中获胜”，也许这就是为什么高等教育变为了职业教育的分支。

因此当前高等教育存在着问题，很大程度是因为以下三人，他们是新工党的可怕三人体：Blair疯狂地追求知识型社会，而这样的社会却从未存在过；Gordon Brown(总理)做事过于审慎，这为英国教育发展带来了危害；Mandelson悄悄地将英国引以为豪、独立、世界闻名的教育体系扼杀成为培训分支，逐渐消失在人们的视野中，仅用以满足经济的需求。

联合政府的忧虑

联合政府组成时经济并不景气，因此增加公民收入作为其主要贡献也就不足为奇了。但首相卡梅隆一直关注牛津大学是否充分向工人阶级和少数民族招收学生(Porter et al. 2011)，牛津大学对他的怀疑表示谴责。同时，Porter等总结说：

> 这直接导致人们愈发怀疑联合政府要求顶尖高校设定扩招公立学校、贫困学生和少数民族学生的目标，利用社会力量操纵高校招生。

不久之后，联合政府颁布了一份白皮书（*Business, Industry and Skills* 2011）。这份文件唯一的创新点在于它提出大学课程私有化，其要旨和动力都包含在概要部分 *Higher Education: Students at the Heart of the System*（高等教育：学生是教育体制的中心）中，有人将其戏谑为 *Higher Education: Money at the Heart of the System*（高等教育：金钱是教育体制的中心）。这份文件的主要目的总结如下：

> 我们的改革主要解决三个问题。首先，促进高等教育的可持续发展。战后我国的预算赤字达到了史上最高的水平，这需要我们削减政府各部门开支。削减教学拨款，转换为可偿还的学费贷款，不仅可以帮助高等教育获得资金，又极大地节省了公共开支。第二，高校须提供更好的学习体验，提高教学水平、测验水平和反馈水平，使学生为进入职场生活做好充足的准备。第三，高校须增强社会阶层的流动性。

接着，白皮书又讨论了“新教育机构”的问题，这些机构今后将会符合一定财务标准。

> 另外，从2012—2013学年开始，为鼓励某些高等教育机构占有一定市场份额，平均收费（包括减免学费）在7500英镑以下的学校将获得20000个预留的招生名额，这些学校的学费相对较低，但教学质量很高。在A-Level中取得AAB或以上等级的学生将不再占据高校招生名额，因此高校主要招收人数也会相应减少。这样各高校会在统一的标准下竞争招收学生，有利于继续教育学院和新生，也使其他吸引学生的非传统教育机构能

够按需扩张。

因此，新工党对高校的影响貌似有效，实则有害，它使高校面临债务问题，时至今日，新工党必须承认教育发展前景惨淡。然而这本白皮书却绝非充满悲观失望，它展现了一幅充满希望和生机的画面，教职工和学生都才华横溢、充满潜力和朝气，可这份文件也隐藏着某些不光彩的目的。它既看到了机遇，也看到了威胁。本章下文将着重分析这些机遇与挑战，并简单回顾这份文件。

高等教育部门的SWOT分析

本章的篇幅无法完整列出高等教育部门的SWOT分析(译者注：SWOT分别代表优势、劣势、机会和威胁)，但我们将提炼和分析与高等教育相关的重要部分。首先就是极有争议的教育全球化问题。

英国高等教育体系依托全球化发展，欧洲各国签订《博洛尼亚宣言》，更是促进了教育全球化。全球化的确可能将与它相关的各种事物变得相似，彼此兼容甚至最终达成一致。但同时教育也确实需要向学生保证，他们在某地获得的学位与在别地获得的学位价值大体相同，各地的学习需求和测验过程也大体相同。等值并不意味着完全一致，从招聘角度来说，用人单位想知道他们能从毕业生身上"得到什么"，无论他毕业于卢塞恩大学还是利物浦大学，毕业生最终获得某份工作是多因素共同作用的结果。

教育全球化还影响着教育部门内的国家计划课程。引进该课程时，人们并没认识到其善意的初衷(系国家教育覆盖面的最低保证)，而是将其看成一份教学大纲，狭隘地判断一小部分课程对学生的教育是否有价值，这个目标并未完成。多年内它又被重复修改，重新判断课程的价值。目前它仍然具有航标灯的意义，但人们对它的认识更加深刻，有时甚至会顺理成章地将它抛弃。

教育全球化可能会遭受同样的命运。研究生课程的某些方面或许会取得跨国统一，但有些学生依然希望课程内容、教学方法和教学重点能有些特色，除此以外，教职人员依然能左右学生的选择。教育框架可以跨国混合，但创新的地方并不一定要流失国外。全球化会为高等教育(正如对社会其他方面)带来现实而严重的威胁，但它具有足够的说服性和延展性。在高等教育中，我们需要批判性分析，而非单纯地被动接受。

强烈反对教育全球化的人认为它是许多教育恶行的根源，如教育市场主义、管理主义、教育大众化、商品化、企业化、媒体化、私有化和官僚化。这些并不是好词，它们背后都隐藏着丑陋的意义。

市场主义

市场主义指原本应由公共资金提供的某物(因其内在价值)，而现在由于商品具有外在价值，因此个人变为了拥有某些权益的消费者，需花钱购买产品，内在价值被市场价值所取代。教育被商品化，变成只要占有特定资源就可以买卖的商品。在这个过程中，教育服务的提供者变成了面向消费者的商品所有者，变成了“商人”，为了盈利提供教育服务，而教育则只“服务于经济，不顾社会和发展责任”(Lynch 2006：1)。

市场主义引发了一系列后果，高校愈发重视自己的品牌和推广。就在我写下这个句子时，一封邮件在我的电脑屏幕上弹出(这事绝对是真事)，说某所与我有联系的大学将它的信笺抬头的颜色由毛毛虫的青绿色(这不是他们的原话)变为了公司标识的蓝色。在财政紧缩的今天，这样的改变无疑会加大开销，而该大学依旧认为这很重要。

市场主义愈发重视国家主流媒体通过各种方法得到的学生满意度调查和学联盟排行。有些人说这些方面属于感知质量，而非可计量质量，但排在首位或获得大幅进步依旧很重要。Molesworth 等(2010)表示，从消费者的角度来说，“学生们认为获得学位是他们花钱买来的权利和服务，他们要更多的选择，要投资的回报，他们在创造价值中表现'活跃'(封面标题)"。

Molesworth 等(2009)在早期文章中列出一系列市场主义的特点，总结如下：

1. 强调学生最终需要"获得学位"，而非"成为学者"。

2. 以市场为主导的高校着重发展学生在市场中需要的内容，以满足他们作为消费者的需求。

3. 之前，在大学教师的指导下，研究生有机会转变为具有批判性思维的学者。如今在这个消费者社会中，人们拒绝这种转变，更愿意将学生看作(成功的)消费者。

Coleman(2009)用下面一段话总结以上原则在博洛尼亚进程中的体现：

"世界一流"这个空洞的形容词现已成为高校宣传的必备词汇，教育的宗旨和招募宣传中都有这个词，加入博洛尼亚进程的高校将在内部形成排名，排名靠前的学校可以在全球范围内抢占招生名额。尽管高等教育市场与普通市场不同，但刺激各校"吸引和留住学生和教师，加强国家的人力资源"的仍然是经济竞争力。(Knight 2008：26)

从今以后，博洛尼亚进程将与市场不可分离。

正如 Voegtle 等(2011)指出，毫无疑问博洛尼亚进程使各国教育政策趋于相同。但并非所有与市场有关的事物都是完全丑陋的，我们必须承认将学生置于学习过程的中心的做法非常值得鼓励，Kerry 和 Kerry(2010)最近也表示强烈支持，因而有利于学生主体性发展的事物都应得到肯定。市场主义推动了这项事业的发展，并利用学联盟排行将它推上公众议程。此外，学生变成了学习体验的购买者，对体验的质量有更多的发言权。

如果品牌指高校工作和提供教育的独特之处，那么高校打造品牌本身也没什么错，但前提是他们必须与愚钝的市场划清界限。每年高校的毕业典礼都会显露出品牌的劣势，总有些人(明星和没有学业成就的人)会获得与他们不符的荣誉奖项，因为高校要借助他们的名字吸引更多的就读申请。政策和市场化带来的教育大众化将引发更为严重的后果，Baty(2009)强调了这个问题：尤其是高校无法保证高等(专业)教学人员的质量，因为接受训练后满足要求的人数并不多。

至此，市场化促使大学在课程设置方面富于创新，在学术活动方面追求卓越，教学严谨，注重精神关怀，提供良好的健身设施，从这个角度来看，市场化起到了积极作用。但对于市场中的所有商品而言，如果包装超过了产品本身的价值，就无法被人接受。

商品化

根据上文我们知道商品化是市场化的分支。反对教育商品化的人认为，它将教育过程变为一个可以“出售”的“包装”，并将高校变为服务供应商。例如，欧洲国家学生联盟 ESIB(2005)谴责了一些高校，因为他们：

> 只重视为劳动市场和学生毕业后的个人回报最大化做准备，这是片面而消极的，减少了学生的合作与团结，刺激了为实现个人目标而引发的不良竞争。

欧盟建议：

> 各级教育的开放是地位、文化和民主包容性社会的基石，是个人发展福祉的先决条件。

Ball(2004)做过一场热情洋溢的演讲，其中谈到了高等教育，大意为：

> 如果我们不公开承认或关注教育私有化和商品化的丑恶行

> 径，我们也许会发现自己生活和工作在一个充满偶然性的世界，逐渐就不再存在教学的真实性和含义，学习与科研也都将被抹去。因此我们应该换个角度思考教育政策，好在现在还为时不晚。我们需要超越进步、效率和标准的统治，我们需要用伦理、道德责任和价值来阐明教育。

提到这个话题，人们都很激动，但依然存在反对意见。Ball 反对标准和基准而支持较为松散的管理，这点就容易受到批评。高等教育也需要保证质量和质量指标，这是理所当然的。比如说，作为参与者，我就需要知道导师可以胜任教学，学校管理很高效，而且我的努力会得到学业上的回报。但从根本上说我们又回到了职业教育和内在价值的讨论上：包装课程，即将课程变为商品，似乎能提高人们的职业技能。但对于提高学识、鼓励学生思考和创新来说，这并不是一个好方法。我们和往常一样，又回到了高等教育的根本目的这个问题上。

管理主义

高校将自己变为商人，采用商业活动元素，因此他们的组织和管理方式也更趋于商业管理模式。Deem(1998)表示在 150 年前，高校不再由学者合作管理，而是采用一种更富有层次的管理方法，这种方法已在工艺学校得到应用，并使大学发展为 1992 年的样子。管理主义是由某些特定的要求推动发展的，如短期目标、校际竞争和审计文化，(据说)这些特征在古代的大学并不存在。Deem 甚至建议管理层的女性利用人际交往能力延长员工工作时间、加强工作力度、减少工作报酬。Elton(2010)曾苛刻地批评了管理主义，揭露了高级职务(如执行校长)岗位职责的变化和该职位人员特点的变化。

Clegg 和 Mcauley(2005)则更加乐观。他们发现高校中一般是中层管理者负责管理教务，他们否认 Deem 和 Elton 的观点，否认合作性同事概念已经过时。他们的结论是：

> 只要带着创新精神广泛阅读本篇论文中总结的管理学文献，就可以扩展当前对高等教育的讨论范围。管理主义者/联合领导二元论错误地描述了概念化的复杂性和范围，因此也导致了问题。它简化和夸张了许多管理主义的不良后果。在高等教育中建立更为有效的员工关系也许是实现大学教育人道化的第一步，这种关系并不落后于原来优秀的教育体制。(2005：31)

的确，人们在回顾黄金时代的合作管理模式时，应对其持怀疑态度。人们记忆中的教育体制允许更多基层自治(如日常教学)和个人自由(人们如何利用工作时间外的闲暇时间)，同时又保留高级职员的战略决策权，几乎不经过讨论、不召集教职工就做出校级决定。

官僚化

管理主义必将导致组织和管理组织人员数量的增加。因此我个人认为首先需要区分两个机构术语，行政机构和官僚机构。

行政机构是一个中性词或褒义词。教育机构中行政管理者的职责是简化大学教师的工作，使他们无需安排停车位、安排保洁服务、组织毕业典礼、保存学生记录和财务记录等。行政管理者是教育的促进者，推动学业进步，通过中高级管理工作保证学术人员不因体制而分心，为他们提供宝贵的支持。

官僚主义又是另外一回事了。它本末倒置，体制若是一首诗歌，那么教育机构的学术活动则不过是作诗的背景而已。官僚主义者掌控决定大权，他们的焦点(通常为财政、程序和以市场为主导)决定并控制学术活动的方向。

联合国教科文组织的一篇报告(Neae 2006)阐明高校中存在过多的官僚主义，它从欧洲大陆的角度回顾了英国高校近期的发展历程，反映他们对英国教育的看法与我们的差别：

> 更加密切的群众监督、条件性拨款、视表现而定的拨款、行政管理权集中、国家对科研成果的评价以及支出监测等方法在不同程度上以不同方法结合在一起，共同发挥作用，从东部的 Harwich 到南部的 Dover。（Neave 2006：24）

企业化

我们在前面讨论的教育趋势和概念共同作用，产生了高校企业化的概念：教育机构像公司般运行、像公司般组织、像公司般招聘和解雇员工，公然追求利益，受到市场供求和竞争的影响。但是我们还没讨论技术在其中起到的作用：它提供控制内部组织的管理系统，运行生产产品(课程)的工具，利用全球化的机会调节高校在市场中销售课程的能力。

企业化将教育机构的性质从知识性、创造性和了解知识转变为追求收入、效率和品牌忠实度。盈利本身并没有错，良好的财政管理也没有错，但问题又一次回到了鸡与蛋的关系。同行政管理一样，企业化的某些好处能对良好的学术活动起到维持、促进和发展作用。但至于教育机构到底是“达到目的的手段”还是“目的本身”这个问题，人们之间就出现了争议。

媒体化

宣传好消息是理所应当的。高等教育对媒体一直保持距离，现在却抓住了世界媒体和技术的注意力，这主要有两个原因。从教育学的相关文献看来，这两条原因并不相互协调。

首先，媒体可以成为教育商业理念的一部分：有意识地处理公关、宣传和推广教育机构。另外，新媒体通常可以利用技术向国外售卖和提供课程产品，促进可盈利课程的全球化。

作为教育媒体化的组成部分，这两点原因都有着重要的作用。如果当地重视高校的作用、理解他们履行职责的方式和原因，这将会符合每个人的利益。课程媒体化可以覆盖本无法接触这些课程的地区，惠泽外地的人们。传播学术活动和学习当然是高校的责任。同其他出现在简介部分的概念相同，我们在评价媒体化的价值时，必须考虑到它的动机。

然而，在这些教育概念中最具有争议性的议题、当前高等教育争论中的烫手山芋被留到了最后一个：私有化。

私有化

最近颁布的白皮书(BIS 2011)受到了争议。很明显私有化正伺机突袭。Ainley 和 Allen 在当今的教育机构中看到了它的存在：

> 尽管他们尊重 Blair，如今的托利党人认为新工党人是十足的骗子。因此 Willetts 将结束他所谓的“学位授予与教学之间既定但不合理的联系”，并容许新的教育机构相互竞争，如继续教育学院既可以提供廉价的职业教育，又可以与高校公开竞争生源，收取高额学费。

但事情并没有那么简单：一旦市场发挥作用，(人们希望)高额的大学费用和巨额的学生贷款能通过上述与市场化有关的所有力量迫使价格明显降低。Ainley 和 Allen 说：

> 在 Alison Wolf 对虚假的职业资格进行批判的同时，Micheal Gove 也削减了职业教育所需要的经费。Willetts 也计划让所有 Gove 和他认为不应该接受“真正”高等教育的人转而接受继续教育学院颁发的“学徒学位”，这些学校与其他私立教育机构共同竞争。
>
> 但 Willetts 需要摆脱由此引发的两个后果：高等教育学生数量减少、学费降低。很快这个新学位就会变成找不到工作的学徒制，同 20 世纪 80 年代的青年培训计划如出一辙。但是来自于上百万所老工艺学校的学生，和由校园大学所组成的 1994 集团的毕业生，这些人仍将申请这些学校，也许会迫使他们降

低高昂的费用，它们教授的不过是与原来一样的学术研究，再混杂些各类的商业研究。

Willetts希望这个行动可以打开社会各阶层相互流动的闸门，但其实它只能将高校学生划分为几类，就像中学分为重点中学和综合中学一样。Ainley和Allen对此既充满信心又持怀疑态度，很难说学生会怎样看待这类管理主义的领导者们：

> 学生反抗群体中的激进者已经认识到这其实是个好主意。他们知道在这个极容易毁灭自我的世界里，过去解决社会和民主的良药——扩大国内生产总值、提高教育水平、接受培训和资格认定——已经不再有用。学生们开始思考Willetts和Gove提出的其他出路。

总结

开篇时我们提出了两个隐喻：一个关于动荡，另一个关于售卖传家宝来弥补动荡。结尾时我们又引发了更多的动荡，因为马上人们就会展开对即将颁发的白皮书的讨论。政府打算卖光传家宝来偿还债务人，提出了很多议案。我们找到了高教系统中具有真实价值的东西。但问题依旧存在：政府是否会将高等教育与我们分离？高等教育是否会在规划中迷失？

我对本书的看法

我真的很喜欢论文集，每篇论文都各有特点：有些作者会在严谨推论的基础上提出合理的论点，有些只靠情感推理。我喜欢思考这些差别，挑出最吸引我的细节。我希望读者也会这样做，因为这本书并不是几个人合作分工、按照严格的要求写出来的。尽管高等教育的未来仍然是个颇具争议的话题，本书仍对它持乐观态度，相信它只不过遇到了几个挑战而已。

同样，别以为这十篇论文的作者都通过了精挑细选，都有着相似的哲学传统，事实并非如此。他们都是各自领域的专家，在自己的领域内提出一个与高等教育相关的论点。不过这些作者确实在全球大部分地区有教育经验，如瑞士、加拿大、中国、挪威、喀麦隆、美国、澳大利亚和英国等，大多数作者在多国工作。论文集的一大乐趣不在于其间的相似之处，而在于其间的差异：风格、方法和观点各不相同。我们没有让他们达成一致，因为这是读者应该做的功课。书中体现了差异，这样才有机会讨论和辩论。读者应有能力对论文进行归纳和演绎，随意按照各种顺序排列论文的观点。

尽管如此，这些论文的确是围绕一定主题展开的。本书分为三部分。第一部分主要讨论高等教育中的伦理行为、学术自由和精神性。第一章开篇提出了一个关于高等教育中的伦理行为及标准的问题，发人深省。Kerry 指出，许多高校已开始向管理主义转变，因此我们急需了解对于高校、教职工和学生来说，哪样的行为是符合伦理的行为。他认为高校管理者应带头表率，并列举了一些不负责任的事例。在第二章中，Carolle Kerry 和 Trevor Kerry 对传统的学术自由观念提出了质疑。他们认为学术自由的观念并未在当代高校中发挥作用，并进一步表示该观念已经过时几十年了。当然他们的观点并不会被所有人接受，所以他们解释说，理想主义必须受到现实主义的调和。接着在第三章内，Tom Sherwood 重新讨论了高校精神的作用和当代高校牧师的作用。当今全球各地的日子都不好过，学生在时代、经济和学业的压力下，需要一个停泊的港湾，不少学生在发展学业和个人生活的同时，可以且已经丰富了自己的精神。

第二部分详细讨论了领导和管理方面的问题。Robinson 在第四章中详实地分析了高校管理的变化。她运用 Watson 针对解决难题的分类学理论，分析了高校中存在的问题，由于篇幅有限，她没能提出解决方案，只提出了质疑。第五章中，Ngwana 和 Liu 直击全球化和国际主义的问题。第六章中 Löfgren 将他在斯堪的纳维亚半岛的经历与博洛尼亚进程的要求联系起来。第七章的内容主要围绕 Kingsley 在英国和美国展开的国际教育试验。

最后，第三部分讨论教学的核心活动。在第八章中，Hughes 和 Tight 会回顾“学习型社会”及国家政策的重点——“知识型社会”。在第九章，Bacsich 将和我们一起讨论与教学和技术有关的问题，以及学生对技术的反馈和应用。在本书的末尾，Le Cornu 将介绍一项关于教师教育中经验学习的试验，带我们回到问题的关键。

这些论文并不枯燥，它们并未向高等教育中的消极面投降。但它们也很实际，认识到适应高等教育变化的必要性，否则只能失败。这些作者都没有放弃，他们在展望未来的同时，也看到了过去。

到同样七文的问题，[illegible] Lofgren [illegible]

[illegible]

Kinosky，[illegible]

[illegible]

[illegible]

[illegible]

[illegible]

[illegible]

[illegible]

[illegible]

[illegible]

第一部分

伦理、自由和精神

第一章　高等教育中的伦理：维系 21 世纪高校的伦理标准

Trevor Kerry

引言

大多数高校都对研究生的行为有所规定和限制，但鲜有针对学校本身和教职人员的伦理行为标准。在巨大的压力下，学校也许会改变他们处理事务的方式，包括管理主义、市场主义、大众化、问责制和商业化等。在这种情况下，高校需要重新评判他们工作中的伦理原则，认识这些原则与当代大学生活中压力的关系，并开始建立管理自身行为的伦理准则和伦理规范。本篇论文首先将回顾大学的特性和指导学术活动的伦理原则，从伦理的角度讨论大学生活的五个方面，即教学、管理、科研、行政和质量把关，并将简要讨论哪个部门可以正确地建立大学的伦理制度。本文建议高校中的高层管理者率先将校园建立成为伦理型教育机构。

背景

Crisp(1988)将伦理定义为“特定人群生活中的价值观和社会惯例体系”。他提示这个词可以特指“这些体系中的某一个具体的方面”，即由正义、非正义、罪行、羞耻等组成的品德。自此这个词可以指具体的道德原则，如“你为什么还那本书?”“当时只有这个选择是符合道德的。”他注意到“哲学家一直在将人们生活中的伦理层面与其他层面联系起来，如伦理与艺术的联系、伦理与商业、教育和科研的联系等。最后，人们也许会争辩，判断事物是否符合伦理规范的标准是哪些。于是就产生了他所说的‘多元伦理学’。”

简要说明伦理的构成后，我们的问题是：为什么建立伦理型大学极其重要？部分原因是大学的性质发生了飞速的变化。在英国，大学曾是个小众组织，只有5%的人上过大学，而现在却吸引了50%的人，学校的社会构成复杂，价值观多种多样。随着社会伦理和文化愈加多样化，我们与表现为宗教信仰的传统伦理体系的联系却日渐疏远。作为社会机构，大学代表社会面向社会成员，但同时其本身又是社会成员的一员，这两种身份都需要大学有着明确的伦理道德规范。高校越来越像个管理主义者，由商人运行，体现了“利益驱动”与“市场”之间的伦理压力。高校内部充满人才，因此从理论上来说，最容易出现(政治、社会、哲学、伦理的)争论。它由相互作用的个体(教师、学生、行者管理者、清洁工)组成，因此需要清晰细致的伦理原则来调整彼此之间的关系。他们开展并锻炼学生开展科研和咨询等活动，深入到他人的生活中，因此这些活动必须符合伦理规范。技术使知识共享有可能会变为知识剽窃，使多种网络活动成为了可能，而这些都应该符合伦理要求。

因此，有人说教育机构的特点是“伦理复杂性”(Campbell 2003：17)，甚至对伦理“缄默不言”(Scott 2004：439)。一方面，人们可以列出(Starrat 1994)核心的伦理原则，诸如尊敬、关心、公正、诚信、忠诚和怜悯。另一方面，人们可以采用Somerville(2000)近乎病态的方法，列出人们认为是错误的行为，如作弊、伤害、欺骗、剥夺、忽略或是威胁。但无论是从正面还是从反面罗列，其中都包含影响、争议和不确定性。所以，人们对高校和其他范围的伦理及伦理规范的讨论必须是客观的，这样才能不断检测人类的行为。本文对大学生活和活动的几个方面进行探讨，为伦理的内容勾勒出大致方向，只着重于以下几个方面，也许并不很全面：

1. 社会中的高校；2. 教学；3. 管理；4. 科研；5. 行政管理；6. 质量把关。

社会中的高校

大学教育的目的是什么？这个问题有各种答案。当前，政府认为大学教育可以达到两个目的：既可以让学生为将来的职业做准备，又可以为社会带来经济效益。

但对于这个问题还有其他的理解。Waugh(www. ugs. usf. edu/gened/university 20% education 20% final. pdf)从广义的文科领域找到了一些答案。通过运用诸如好奇心、理解等关键词，并通过批判性和分析性的概念过程，她发现大学教育共有五个目的。第一，大学毕业生必须能够认识和理解符号，如语言符号、艺术符号、数学符号等。第二，毕业生能够在理解的基础上认识他所在的自然界、社会以及人类世界。第三，毕业生或受过教育的人能够生产知识、分析理论，这些过程帮我们认识自身和世界。第四，毕业生能够掌握理解自身、人性、文化多样性和社会差异的关键。第五，受过高等教育的人可以使自己的生活充满意义，可以做出正确的选择和判断："大学教育开启决定自身命运的人生"。这种想法与Franz(2007：5)的很相似，他坚持掌握辩证思维理论可以帮助我们理解成人教育的进程。

高校体制经历过一次改变，原来高校是为了知识本身的价值而重视知识(尽管也暗含职业发展的需要)，而且并不收取学费。后来开始收费，因为他们(错误地)相信(各专业的)毕业生都会获得高薪，因此他们有能力向培养他们的高校提供金钱补偿和援助。这些问题不仅影响到了本科生课程，而且相似却不完全一致地与Maxwell(2003)的观点(www. aare. edu. au/conf03nc/03025z. pdf)产生共鸣，即围绕研究类高等学位出现的紧张情况。学位的商品化与学生需求相比早已占领了上风。知识的性质(及其所属)发生了变化，这导致教育伦理方面也遇到了问题和困境。

高等教育范式的转变使政府加大了对它的控制，通过质量保证局(QAA)等外部力量对质量标准进行监管，对于较高的留级率和较低的毕业率将采取问责制，同时将运用多种方法进行资金管理和课程设置，促进教学多样化，推动高校的发展。教师发展机构等部门对课程的影响力越来越大，这是专业的教育家们所没有预料到的。创新、高校和技能部或商业、创新和技能部等政府部门颁发文件多是为了政治宣传，所以并不实事求是。政府不断努力将高等教育作为统治的工具，这对我们的认识论提出了伦理方面的问题：知识属于谁？谁控制它？它的根本目的是什么？如何实现这个根本目的？

为了追求符合伦理规范的高等教育，我们应当思考伦理难题的本质是什么，什么为社会、为提供教育的高校、为接受教育的学生和从教育成果中获利的大众造就了符合伦理规范的高等教育。这体现并超越了真理——知识就是力量(Paechter et al. 2001)，并提出知识的守护者在行使权利的同时应该遵循哪些原则。

在思考的过程中，我们遇到了很多问题。由于篇幅有限，我们无法对这些问题一一作答，但我们希望读者能明白，对于这些问题的回答其实是非常复杂的。

政府控制教育的伦理意义是什么？

对这个问题的辩论直接触及民主。世界各地的政府都会控制教育，例如英国的 Surrey 大学因依靠政府基金而受到束缚(Davis 2003)，远在埃及的 Khaled(2009)也对政府掌控高校资金的现实表示担忧。人们都担心政府会通过资金对高校施加不合理的效率“监测”，这有违大学的精神和思想。美国有众多私立高校，但 McCluskey 和 Edwards(2009)表示他们也有这种担忧：

> 联邦政府给予州政府或私立学校的财政支援……使学费上

> 升，机构冗余，缺乏效率，对纳税人来说是不公平的负担。同时，它对美国高等教育的核心力量，如校园自治、竞争和创新而言也是负担。我们应当拒绝政府对学院和大学施加任何自上而下的规定。

民主国家的人们可能对政府控制高校的弊端没有切身体会，此时 Elton(2010)聪明地提醒了我们，希特勒就是通过纳粹主义来危害德国大学的。

从伦理的角度出发，政府可以对高校进行哪种控制？控制的程度如何？

来自工业化国家的 Novotny 和 Carlin(2005)提出政府控制高校的四个伦理原则：自治原则、慈善原则、无伤害原则和公正原则。个人和组织作为道德实体可以也应该靠德行操控自己的行为。公正原则要求公民有权享受公共产品，如教育。同时，政府有责任促进民生，为社会事业提供发展资金，保障公民权益。就高等教育来说，这四个伦理原则表明政府可以也应该提供受教育机会，提供最大范围和数量的资金，公民应享受到教育带来的社会福利，如增加就业、或享受到“为了教育而教育”的满足感。

但另一方面，在现实生活中政府对大学的援助受到财力的限制，毕竟财力是有限的，所以政府需要做出选择并制定相关的政策。这样一来，政府对教育的资助是由个人选择和顺序决定的，而不是由伦理决定的。决策的过程很少受到理性观点和公共事业的影响，而更多地受到(政党)政治教条的影响，这自然是很危险的。

目标定位、质量保证和有区别的资金援助等控制机制有哪些固有的伦理危害？

有人说，当前越来越多的目标定位和质量保证机制正是控制高等教育的政治教条的体现。Tony Blair 领导的新工党在整个教育系统掀起了一场名为“商业化”(Noble 2002)的进程，他们相信，教育的价值“并不在于其内在价值，而在于它对经济起到的作用”(Docking 2000：3)。更令人担忧的是，这种教条依赖于 Callaghan 的观念，也就是如今著名的 Ruskin 大学演讲，其中将教育描述为孩子将来可以在社会中各居其位(已定好)的方法(Riley 1998)。政府为高等教育设立的目标和效益指标多使教育机构无法遵循这些在伦理上有缺陷的原则。

从职业的角度看待知识或教育带来了哪些伦理危害?

正如我们所看到的，最近政府使高等教育更突出职业性，淡化知识性，然而并非所有学校都选择了接受这种束缚。Austin and Gamson(1983)表示，大学从本质上是很规范的，它必须有益、有价值，才能盈利，这样的组织会吸引到求知欲强烈的人，他们宁可放弃高额的收入，也愿意追求学术自由。然而大学愈发重视职业教育，背离了它的初衷。工作只狭隘地特指技能，而技能则要为政府眼中的社会需要服务。大学只倡导实际的、能带来经济效益的事物，却看轻了曾几何时成就大学的思维、创新与大胆。知识性和职业性不应相互排斥，相反，它们可以相互促进，但如今职业主义战胜了人们对知识的渴求，这也许会让人们担心对知识的控制是否符合伦理。

如果学习已不是“为了学习而学习”，在伦理方面我们应当做出哪些预防措施，才能使学者不受到特权阶级的控制?

Wilcom 和 Ebbs(1992)表示：

> 学院和大学是知识的保管者。掌握知识才能占有权利，即影响当代社会的能力，因而高校是通向权力的途径，有力地影响全世界经济和社会生活的质量。既然高校在一定范围内可以创造和传播知识，他们就有道德义务维护民生。

这种观点在一定程度上否定了大学的自由，否定了学生对知识领域的自由选择。这种制约和控制必须符合伦理，否则它将把大学的作用及社会追求思想自由的方式置于危险中，将学术界的知识成果置于危险中，将社会行为和社会政治生活中的价值观抛在脑后。控制课程内容不仅仅会扼杀学生的求知欲，更是告诉我们，政府喜欢掌握控制权，或至少影响到信息的数量和传播信息的渠道。

当然，控制权并不一定由政府实施，也有可能由其他机构实施，下面我们就来讨论这个问题。

学习中的利益主体对课程的控制将带来哪些伦理隐患?

我们已经说过政府非法控制了知识，但它也或许会让其他事物代替自己控制知识，例如学校部门。学院的融资系统曾获得了成功(也有一些失败)，但关键是这个系统允许利益相关者(某种宗教信仰或某个人)大量购买学校的股份，这样就不再(他们希望，但事实上并非)受到国家课程的限制。而这样一来，政府就通过购买股份控制了大学，并引起争议：所谓的 Vardy 学校因被指控教授神造论，不教达尔文理论而受到了舆论批评(Tayler 2006)。

尽管英国高校的利益相关者不太可能控制或影响整所大学的工作，但其中的管理部门和教学人员确实受到了影响。因此，我们应判断左右高校课程的到底有哪些利益群体，其中一定包括学生、教职工、私人赞助者和私人/公共资助机构。我们相信任何利益相关者对高校的过度控制都可能使学习过程违反伦理。为证明这一点，本文列出了各类利益相关者，及他们可能控制教育的事例。

学生：在为将来职业做准备的同时，学生们已经或应该学习相关学科的伦理道德，尽管各专业的伦理道德不完全一致，但它们的基础都是我们之前讨论过的伦理原则。在校园中学生们会遵循一定的伦理规范，例如他们如何对待他人，如何看待性别、种族和宗教信仰等。通过学生会等校园组织，学生将对大学的运作和组织方式，以及教学的展开产生影响。例如，当深得学生喜欢的教职工退休或离职时，他们可以反应自己对课程内容或结构的意见，此外也可以通过咨询小组，参与到大学的管理中。但这也许会产生两个危险，一是这种现象变得习以为常(成为纸老虎一只)，另外可能会引起校园纷争(可能有碍于团结与学习)。

教职工：Gibbins(2006)对教职工的定义更加细化，分为了管理者、部门经理、职员、研究人员和科研经理(他还增添了管理人员，本文稍后会讨论到)。这些人才是大多数高校中决定课程的集中力量。我们要讨论的伦理问题是，他们行使这份权力的方法。例如，如果某个学院的教授改变某门课程只是为了个人的研究利益，那么这所高校对待社会、学生的方法，甚至其教授对学科的义务、对社会的需要都受到了伦理质疑。最近我看到要开一门名为《科研中的女性》的课程，由女性讲授，很显然这门课程吸引的学生也多为女性。人们或许认为这门课有助于消除性别歧视，但如果一门课程名为《科研中的男性》，并且由一位男性讲授，主要吸引男生来听课，这就可能引起强烈的敌对感。有关这种行为的伦理应该严肃对待。

赞助人和资助机构：从伦理角度来说，这两种利益相关者都遇到了同一个问题，那就是怎样才叫“过度影响”。问题的关键是人们提供财政资助的动机是什么，在后文对研究的所有权进行讨论时，我们会进一步探讨这个问题。

质量保证程序和监督高等教育的机构如何体现伦理原则?

人们可以提高审核与培训意识以确保高校遵循伦理原则。Gibbins(2006)描述了伦理与价值审核的过程(http：//www. ethics. org/resources/article _ detail. cfm? ID=19)。

学校可以相互合作，共享宗旨、章程和准则。顾问团可以进行讨论，交换信息，记下良好或较差的表现，安排时间进行讨论，并就做出改变达成一致。顾问团可以通过很多方法实地考察、收集信息，例如：核对政策文件、调查、缺口分析、访问、小组讨论和观察等。但总的来说，这些都是高校内部的自救行为。而对于在政府命令的框架下运行的机构，如质量保证局(QAA)，要使他们的工作遵循伦理原则，则是难上加难。人们似乎无法保证伦理道德是政府部门工作的核心。近期有人揭露了政府工作人员的开销，这更提醒了我们这有多难。

伦理程序与学术自由的关系如何？

美国 Woodbury 大学的网站大致发现了关键的问题(http://www.woodbury.edu/s/131/index.aspx? sid=131&gid=1& pgid=1868)。该网站说：

> 教职工有权表达他们对相关问题的理解，只要表达的方法对教育有益并符合他们的职业身份。应当鼓励教师了解相关领域的发展现状并将这些知识和理解传授给学生。
>
> 有争议的话题应得到合理的对待和公正的处理。教师应该牢记，自己对相关问题的看法也许是学生们唯一能接触到的看法，因此不应当存在偏见，而应根据现有的证据给予科学的阐述。
>
> 教师有机会帮学生建立清晰的思维模式和公正的评判，他们应牢记身上的责任，牢记自己对事物价值的判断方法也许会成为学生将来作出判断的方法。

科学界和医学界也许更容易受到扭曲事实的危害。因此牛津大学的《实用伦理学新闻》(2009)指出某些作者不能诚实对待自己的作品和他人的作品，以及由此带来的危害：

> 然而，科学需要公开讨论的环境，人们可以提出自己的想法，并进行检验和分析。反对意见可以推动进一步调查，因而有利于发展，有时尽管谬论遭到了强烈反对，最终还是被证明是正确的。如果某个学说正统到无法接受其他推翻它的假想，这才是公信的失败。这是一个现实的问题，因为是人类在探索

> 科学，而人类因为存在认知偏见、小团体主义、经费问题、政治和经济博弈、方法与教条等问题，使得人们不易提出某些观点，也就一直在坚持错误的立场。(http://www.practicalethicsnews.com/practicalethics/2009/09/academic-freedom-isnt-free.html)

自由并不是放纵，伦理行为建立在个人的道德责任之上(下一章将进一步讨论这个问题)，只有这样才会产生伦理。

伦理怎样成为政策制定的中心？伦理对政策的制定会产生多大的影响？

政策可以由政府或高校制定，但它并不是价值中立的。非洲全球公民社会 CCLP 起草并提出了高等教育中的政府伦理准则(2009)。其中提到：

> 目前世界各国都计划调整国家高等教育体制，它需要“现代化”、“适应”、“多样化”和“市场化”，需要变得更加“企业化”、更“有竞争力”、更加“高效”和“效率”，更加“以服务为导向”，更加“贴近社会”；它需要提高“过程和产品质量”，密切“与劳动力市场的关系”，促进对教育机构、大学和学院的“管理”。人们都知道，只有政府部门与高等教育机构之间传统的掌控关系发生巨大变化，否则这些转变是不会成功的。

问题很明显：企业化主义、竞争和市场化等概念或许包含促进组织(大学)物质发展的因素，但却使第三方(社会、学生、教职工)付出了代价。政府可以把这些概念当做提高大学生产力或效益的手段，但它们却与其他概念格格不入，如需求、服务、质量或真理。

伦理与政策一体化中心(2009)提出以下几个因素，也许可以使政策的制定符合伦理道德要求：

- 伦理与法律，即大学活动受到政府法律和规章的限制，无论大学的教职工是服从政府还是追求价值，影响其行为的力量是国家的文化。

- 组织文化(执行和监督领导力、公正对待教职工、讨论和对话中的伦理、对伦理行为的奖励、组织内活动的焦点)。
- 项目导向(人们采用的方法是服从政府，还是追求价值，抑或是讨好外部利益相关者或保护管理)。
- 正式项目的特点(例如是否存在伦理主任、监察主任、责任主任、行为规范、电话热线或效益评估)。
- 项目完成(发现违规者体制、追踪报告、坚持贯彻政策或执行行动)。

该组织还公布了一份指导以上过程的程序指南。在阅读时我发现，很显然这些原则执行起来要求很高、开销很大，不像政客制定的国家政策中用以规范政府和大学关系的术语那样简单。不过近期英国政客的开销(Orr 2009)被曝光，说明政客也不适合做伦理方面的指导者。

总结

至此我们已经讨论了伦理对大学的总体作用、组织与利益相关者的相互影响以及利益相关者之间的关系。下文将讨论伦理对大学常规的五项活动产生的影响，不仅要强调伦理理论，更要突出其实际应用对高校集体和个人的影响。

教学

教师是某一领域的专家，他们的世界充满了道德的声音，这在教学过程、师生关系中有所体现，同时教师有责任通过言语和实例向学生传达这些伦理行为(Richardson 和 Fallona 2001)。Hamilton (2002)注意到即使是在博士生的教育中，人们也很少强调学术(而非研究)伦理。De Russy 和 Langbert 列举了多种教职工违反伦理的事例，如抄袭学生的成果和想法、(无正当理由地)在学生的作品上冠上自己的名字等。他们说：

> 大学和小学一样，有责任培养研究生和本科生的伦理道德。尽管培养理论习惯最关键的时期是童年阶段，大学却也可以在这方面产生影响。在希腊古城 Polis，大学是培养和彰显伦理美德的地方。如果大学不忠于教学、不关心学生的学业、错误地宣传学生的就业前景、滥发文凭，那么它们的做法已经违背了伦理，更何谈宣扬伦理。

教师也可能犯其他错误，如给学生施加过大压力。前首席学督 Chris Woodhead 被指与一位学生有染(Hugill 1999)，他前妻记录到：

> 一月时他告诉学生们，师生关系可以"富于教育意义"，于是她决定说出真相。(http://news.bbc.co.uk/1/hi/education/291890.stm)

虽然大学生已经达到法定年龄(即可以结婚或进行性行为，而不触犯法律的最低年龄)，但他们还是很容易受到外界影响，因此家长和社会希望教职工在与学生接触时能够遵循伦理要求。Wilcox 和 Ebbs(1992)评论：

> 在老师面前，学生很脆弱，他们的身份并不平等，因此师生之间需要相互信任。

认真编订课程、忠实地阐述想法、高效地教课指导、高标准地遵守个人的诚信、有效地处理个人与组织的关系、有效地履行法定职责、不受任何偏见的影响公正评分，这样教师才能彰显出他们的职业精神(Campbell 2000)。

教师之间的交往也需要遵循伦理要求。我们注意到有些新来的管理人员会污蔑前辈或当前的同事(比如让新同事的博士生考试不及格或是说发表同事科研成果的期刊都是二流期刊等)以树立威望。教职工在彼此交往时有责任遵循伦理要求，如果他们不这样做，他们就违背了职业精神，也辜负了社会对他们的期望。

管理

如今高校的运作越来越商业化，但 Cave(1995)警告说："只有美德才能带来可观的商业利润，这种观点还很不成熟，需要进一步加工。"高校在发展的过程中也许会越过伦理的边界，而这或许并不显眼，例如消息的处理和传播方式。下面是一些实例。

首先，高校需要学生在调查中对他们做出好的评价，这些评价之后会以学联盟排行的形式公开刊登在媒体上。怎样才能保证自己获得学生的好评呢？有两个问题：是否有足够的学生给予了反馈？他们的评价足够好吗？因此，大学会实行一些刺激方案。例如每位给予反馈的同学可以参加抽奖，奖品价值丰厚。虽然学校只给了学生参加抽奖的机会，但这会对学生的调查结果产生一定影响，因为他/她或许认为只要给出好评，就更有可能赢得大奖。这样，学生的评价过程就不再符合伦理，同时这样做的风险也很大。

第二个例子更加常见。对组织内部信息的控制，如组织内简讯或网上消息，对于巩固教职工和学生的忠诚感和道德感也非常重要。我们通过信息为自己定位，通过信息将我们的岗位、同事甚至我们自己联系起来。但通常这种信息都具有"过滤性质"，好消息常被放大渲染，坏消息则低调处理，甚至被压制下来。我们都记得有人曾建议，9·11是最适合公开议员开销的一天(Sparrow 2001)，因为比起那天的悲剧，没人会注意这条新闻。同样，高校也存有自己的政治阴谋。

有关教职工的问题在后文会详细讨论，但这里我们要指出管理层对研究评估考核(RAE，现改为 REF)常用的伎俩。该考核要求研究人员要在国家和国际期刊上发表论文，并获得“尊重”，因此有些院校不正当地招聘(甚至挖墙脚)退休人员和兼职人员，并利用他们向 RAE/REF 请求更多基金。这些员工在院系中不一定起到重要作用，但将他们招募进来花的钱可能会对将来拨给正式职工的基金多少产生影响。这种行为在很多方面都违反了伦理道德。

既然高校中存在不正当管理，就应当存在解决该问题的方法，但如今却产生了另一种情况(personal communication 2009)，例如高校牧师向管理层反映这些不光彩行为的存在，却遭到了拒绝(见第三章)。Stringer(2004)也提到了相似的问题：人们认为传统的牧师服务对于高校建设的主要目标来说微不足道。

人们的态度是：牧师在学生面前可以作为伦理道德的代表，但在现实世界，在你争我抢的学术政治中，人们就无需顾虑伦理了。有时这样的情况会被告发。麦吉尔大学(2007)提出了在这种情况下保护个人的政策：

> 麦吉尔大学希望学校中的活动能够建立在诚实、透明和负有责任的基础上，希望所有成员能够遵守适当的管理框架。如果最终有人不遵守规定，麦吉尔大学认为报告不正当活动(告发)的善意行为对所有利益相关者是十分必要和珍贵的，它与员工对学校的忠实是一致的，不应遭到报复。该政策为善意的举报提供了公正的渠道，为报告者提供了保护，免遭报复，也为今后的调查和处置提供了现存机制。(http: //www. practicalethicsnews. com/practicalethics/2009/09/academic-freedom-isnt-free. html)

下一个事例证明赞助人对高校的贿赂是建立伦理学校的另一块绊脚石。最近一条关于卡扎菲儿子的新闻引起了人们的注意，无论是真是假，都说明贿赂会给高校带来伦理难题。卡扎菲的儿子 Saif al-Islam完成了伦敦经济学院的博士论文，但《独立报》(Owen 2011)却报道：

> 鉴于有人宣称他的博士论文是由枪手所写，伦敦经济学院正在针对抄袭的指控进行调查，昨日该校证实“如果论文写作的确存在问题，如以后发现抄袭”，那么学位可能会被“收回”。该校正在针对这项指控收集细节信息并展开内部调查。

但即使被证实为抄袭，这也不是问题的核心，关键是传言利比亚当局给该校150万英镑的好处。这引起的伦理难题，包括接受一个极权国家的现金是否公正？高校对赞助人的私利能否保持客观态度？

研究

高校最关注其研究领域内的伦理和诚信，因为其他人必须遵守，这是个很有趣的现象。因此，现在几乎每个高校都施行或将施行研究范围内的伦理政策，学生(和教职工)签字通过这些伦理规范，由伦理委员会进行管理监督。鉴于该政策在高校很常见，本篇论文只列举了几个典型范例：(http：//www. derby. ac. uk/qed/Policies _ Procedures/Research _ Ethics _ Code. doc；http：//www. tvu. ac. uk/ files/Research/Ethics％20of％20Research％20 CoP％20updated％20June％ 2009％20－％20final. pdf)

然而伦理问题非常复杂，就算制定了规范，人们有时也需要争执才能做出判断。Wotjas(2001)为此介绍了一位在Glasgow大学工作的社会学家，他的研究议题是恋童癖。Wotjas说：

> 大学院系都赞同由英国社会学协会和英国心理学会制定的职业道德规范。经济与社会研究委员会也对此制定了规范，要求研究人员对教职工和被试如实反映他的研究目的、研究方法

和研究用途。

格拉斯哥大学一开始就阐明恋童癖不过是研究课题而已。某位发言人说："社会学家喜欢研究社会生活的方方面面，喜欢对每方面都展开社会调查。研究者需要能够准确描述调查的过程和情况，并提出有根据的解释。"人类的性取向多种多样，其中某些是不道德或违法的，社会学调查不应被限制在只能调查外行觉得"正常"的现象里。

还有其他担忧。高校的市场化无疑会导致合同工程和赞助活动的增多。正如我们之前所说，这也许会为伦理道德带来麻烦。伦理的程序要求高校能够仔细审查自己的行为，并保证不会为了取悦赞助机构或保证后续合约而改变研究结果。Jibsen（2009 http：//ap. psychiatryonline. org/cgi/reprint/30/1/36. pdf）为高校在教学和研究过程中提供守护伦理的方法，包括：区别对待为学校和赞助人做的事，全面公开财政和其他安排，永远掌握学术内容的控制权。

有人认为科学研究不需要伦理道德，也有人认为伦理已经起到了它的作用，这些人应参考 Baigent 和 Leign(2006)对圣经学的准确分析，其中包括学术证据的毁灭、对事实的扭曲、个人的贪欲、最为恶劣的职业野心和抛弃事实等内容。最具有讽刺意味的是，书内的故事发生在稳定诚实的宗教世界。《死海古卷》也为我们所有人提出了警告。

行政管理

Boje(2008)认为如果我们处理的是一项全面、系统的工作，那么只要求个人的行为符合伦理道德是远远不够的。组织和协调他人工作的人也应遵循公共生活中的伦理道德，这样才能改变社会系统中的非伦理行为。鉴于当前的高等教育正日益市场化(Elton 2010)，高校通过官僚机构运作，上述观点促使我们迫切需要使高校的运作方式遵循良好的伦理原则。

而现实却与设想大相径庭。Elton 指出，大学副校长与行政管理者愈发沆瀣一气，管理高校时只遵循商业原则，而不顾其伦理立场是否正确。另一种情况是，管理者们在学校占据了一席之地，他们与教职员背道而驰，违背了高校建立的根本目的，好像管理就是大学的全部任务，而不是大学里相对较小的(起到促进作用的)一个组成部分。下面这段话就体现了这一点，这是某个大学的管理人员发给一位教职工的消息。该大学的停车场刚开始收费，而这位教职工的车被一场特大暴雪困在了停车场里。其大意如下：

> ××大学管理部门已确认，受到恶劣的天气影响，今晚车被困在停车场无法移动的教职工并不会受到惩罚。

在现实生活中，我们也能看到管理人员违反伦理的行为，如图书馆工作人员拒绝带领来客参观图书馆，因为这很不方便；人力资源部门的工作人员仅通过邮件的方式，通知一位老员工他被学校解雇了；副校长包庇管理者不受到责任和问责的处置，虽然这些管理者的行为已经严重违背了伦理程序和雇佣程序；某位管理者为一位教职工颁发了图书馆证件，却没有发给另外一位与他相同职位、相同地位，但性别不同的教职工。从这些做法中，Stewart(1991)总结道：公共管理中的伦理行为不能只靠个人自觉，在判断是否正确的同时，决策者还需要一些道德哲理的指导。

在这方面，伊利诺斯大学(2007)提出了几个指导典范，很好地总结了管理者和教职工之间的关系：

正直诚信　始终坚持诚实与责任

值得信赖　为人可靠，办事放心

公平公正　平等对待他人

尊敬尊重　礼貌待人

管理工作　保管学校财产

遵守服从　遵守相关的国家和联邦法律法规及学校规章制度

保密可靠　保护学校信息的完整和安全，如学生记录、员工档案、病历记录和合同谈判文件等

从实际操作角度来说，伊利诺斯手册让我们想起了 Frick(2007：6)从实际中总结出的经验：

> 人们认为道德只存在于个体心中，而不存在于组织内部。价值、信仰和道德都是社会化的产物和过程，但我更喜欢研究人的心理活动(认知、意志和情感)，包括两部分内容：一是个体对于教育管理者独特的职业道德有哪些共同和独特的理解与诠释，怎样理解“学生价值的最大化”；二是当个体与组织或职业的利益相互冲突时，人与人之间会有怎样的道德冲突。

也就是说，管理者和我们其他人一样，不能说自己的不符合伦理的行为是学校的产物，而不是他们自己的选择。不遵守伦理要求的管理者并不是道德败坏的高校的工具，而是高校中道德败坏的源头。

质量把关

Garrison 和 Borgia(1999)总结了大学需要解决的质量问题，其中包括与政府有关的问题，重点是与利益相关者有关的问题，也提到了个体间的团结问题。

> 对高等教育中的利益相关者进行分析，需要我们对教育质量做出定义，并探讨怎样才能满足他们的需求，这需要各位利益相关者的意见能够达成一致，他们包括学生、教职工、赞助人和其他群体。我们不仅需要从他们的角度对质量做出定义，

同时也需要建立几个更实用的基准，如辍学率、作业反馈率、学生评价、教学设备质量、教学进度和内容的自由权以及学生的独立水平等。

Garrison 和 Borgia 不仅忙着达到成功的外在标准，也在发展他们的远程金融课程，同时他们还提出，学生参与课程建立的过程体现着伦理和道德，因此利益相关者的要求达到了，也证实了学生对学习环境有着重要的影响。Fisscher 和 Nijhof(2005：1)曾明确提出过这一点：

> 责任在质量管理和企业伦理规范中都是一个重要的概念。如果不将注意力的重点放在道德概念上，如价值、忠诚和人与人之间的关爱，这样的管理是不会获得成功的。同时，商业环境中的伦理行为可能会实现对质量的全面把关。人们需要很好地平衡控制和放松、信任和责任之间的关系。(http：//doc. utwente. nl/51019/1/Quality _ management _ and _ business _ ethics _ in _ congruence _ giles _ d. pdf)

他们在后文又提到了个人在保证质量方面的作用，他们指出，人们需要思考：

- 对于获得技能、知识和经验的方式，他们是否满意。
- 作为普通人和专家，他们是否感觉到了他人的尊重。
- 作为教职工，是否担心现在或将来会受到伤害。
- 他们是否有时间建立自己的质量把关系统。
- 该系统可曾帮助他们提高自己的表现。

总结

或许在伦理对高等教育的作用的讨论中，我们又回到了原地。

到底高校中的行为、价值观和组成人员如何才能体现伦理？这是一个很难回答的问题。在高校中建立基本的伦理原则，指导个人的行为，相对来说比较简单。但把这些基本原则应用于日常生活中，就比较困难了。Wilcox 和 Ebbs(1992)将其称为道德风气：

> 并非只在问题出现以后，我们才需要道德。对个人负责、对社会福利负责，是大学职责的组成部分，是大学日常生活的组成部分，体现在全校各级别的决策上，也体现在这些决策要完成的目标上。高校的各个组成部分相互影响，相互联系，构成了高校内的道德风气，对其进行简单分析，我们就会发现高等教育中道德生活的复杂性，以及责任的微妙性。

我们应不断发展道德风气和伦理风气，这个任务很难完成，但却对高校异常重要。

附言：伦理、政治正确性与信仰

对于 21 世纪高校中的伦理，我们还有最后几句话要说。人们可能认为在高校的工作正朝着错误的方向发展，并终将取代或混淆伦理行为与政治正确性。Edelstein(2008)为此表示：

> 关于政治正确性的讨论既属于政治范畴，又属于学术范畴……我们有必要用简单的语言重新讨论一下这个教育和文化问题。首先我们应该赞同，对多样化、公正和开放性探究的追求不仅符合正确的政治立场，也符合光辉人性的要求。(http://www.scu.edu/ethics/publications/iie/v5n2/)

例如，Stark(1997)就曾警示我们，政治正确性所代表的伦理价值，应该能够促进开放性探究，能够促进不受特殊利益集团影响的对知识的追求。然而，无论政治正确性的支持者们觉得它有多正义，但实际上它并不符合伦理规范，受到了严格的伦理审查。它可能是真理的一部分，但它从不创造真理。21世纪高校面临的挑战绝不仅仅局限于政治正确性的废除与否，这只不过是那些自封为“正义”的守护者，为了逃避对个人责任的讨论，而选择的简单问题而已。

另外我们要讨论一下，信仰在伦理形成中的影响，这个话题放在这里讨论可能有些太大了。高校可以重视信仰，也可以不重视信仰。但问题的焦点在于无论人们是否有信仰，伦理行为的基本原则都没有变。也许不同信仰会提供不同的方法促进伦理道德的实现，但无论哪种信仰，其伦理行为的基本原则都是相似的。这是《信仰与伦理中的真理》大会(2008)的主题，会议表示：

> 反结果主义思想学派将有信仰的哲学家与没有信仰的哲学家团结在了一起。如今基督教伦理学家和非基督教伦理学家对许多事物都有着相同的想法(幸福说、德行伦理学、道义学禁忌、传统和群体、自然法则、权利、人格尊严等)。

因此，信仰(许多古老的大学都建立在信仰的基础上)的缺失并不会让大学没有建立伦理规范的责任，在这些学校建立人道主义的伦理框架也当然是可以实现的(Lamont 1980)。

所以，高校领导应该发现问题并采取措施确保校内伦理的多样性，Litzky等(2006)指出：

> 管理者应该创建一个伦理的工作环境，使通常很诚实的职工不会做出不光彩的行为。

[鸣谢：作者感谢国内和国外的同事为本篇论文提供实例，在此不便透露姓名。]

第二章　学术自由：21世纪高校的中世纪概念？

Trevor Kerry 和 Carolle Kerry

引言

在上一章我们探讨了高等教育中的伦理问题，并提出了学术自由的概念，在本章我们将进一步从四方面讨论这个问题。首先，本文将简单介绍学术自由的起源；其次，本文将对学术自由的相关文献进行深入的分析，并提出多种实现学术自由的途径。第三，本文将对自由的哲学含义进行研究，对学术自由提出更加准确的定义。第四，本文将用学术界和高校日常生活中的实例分析学术自由的假设性概念，检验它在实际中的效度。

背景：对学术自由的理解

学者与学术自由活动(AFAF 2009)的主旨为："学术自由指提出自己想法和挑战传统思想的责任，是大学的特色，是全社会开展公开辩论的榜样。"签署 AFAF 宣言的人们相信"无论是在学校内还是在学校外的学者，都有自由质疑和检验公认的知识，都有自由提出有争议、不受欢迎的观点，不用顾虑这种行为是否会有些冒犯。""学术机构无权限制成员或员工行使他们的自由，也无权因此惩罚或解雇他们"(AFAF 2009)。

这样直白的表述远远超过了 1988 年欧洲大学联盟颁发的《麦格那高教宪章》，其中说"研究和培训中的自由是大学生活的根本原则之一，政府和大学都应遵循这一根本要求(EUA 1988)”。

近日某些英国和国外高校就教职工的学术自由问题进行了争论(Hayes 2009：128；Rochford 2003：249)，而另一些学校却明确提出他们对正在从事教学、写作和研究的教职工的期望。埃克赛特大学(2009)精炼地概括了他们眼中高校的职责：

> 埃克赛特大学将继续支持进行学术活动的教职工所拥有的学术自由，即教学和讨论自由、开展研究和传播发表研究结果的自由、高校监管自由、加入专业学术团体的自由(埃克赛特大学 2009)

该大学授予教职工这些“自由”，并列出教职工对彼此、对高校的责任，明确地表达出它对教职工的要求：

> 从事学术活动的教职工应该认识到，在行使权利的同时，也需要承担一些特别的职责和责任，如尊重学术界其他成员的学术自由的义务、与他人意见相左时进行公平讨论的义务及在行使自由时，遵守学者的义务，实事求是。教学、研究和奖学金应符合伦理和职业标准。(ibid)

关于学术自由的争议颇多。

学术自由简史

本文将回顾学术自由的相关文献，探讨文献之间争论的焦点，探讨反对高校和学术生活的哲学与伦理基础，并讨论 2010－2020 年间学术自由的影响。其实，我们希望弄清“学术自由”这个古老的词汇是如何影响了 21 世纪学者与学生的工作与生活的。

首先我们要解决学术自由的起源问题，但这个问题至今还很受争议。中世纪的神学大学就已经产生了学术自由吗(Hoye 1997；Thorens 2006)？启蒙运动时期，人们从运用宗教的方法分析现象、探求知识转为运用科学的方法。难道学术自由产生于那时？

学术自由的诞生地和启蒙运动时期

Hoye(1997)和 Thorens(2006)认为13世纪大学刚刚形成时，就已经出现了学术自由的思想，“作为众多文化价值观的一部分，学术自由是由基督教影响或决定的”(Hoye1997)，“大学自治和学术自由可以追溯到中世纪中期”(Thorens 2006：92)。

那时的欧洲，教会对教育基础设施有着巨大的影响，学术自由的思想最先产生于刚刚建立的大学，如牛津大学、巴黎大学和博洛尼亚大学。毫无疑问，学术自由成为了国家政府与教育机构争论的焦点，他们相互发出挑战并迎接挑战(Hoye 1997：414)。Karran(2009：18)强调第一批大学：

> 维护自治权，追求不受监控和限制的教学与研究，竭力避免由此带来的迫害。

中世纪大学的自治被认为是大学必不可少的组成部分，因此许多学校开始宣传各自的优势和特征，摆脱外界力量限制他们“追求学问和教学”(Hoye 1997：44)。1229年，图鲁斯大学承诺校内一切“自由”，以吸引更多学者的到来：“你缺什么？学术自由？不可能，因为在这里你可以享受到不受任何束缚的自由”(Denifle和Chatelain(eds)1889，引自 Hoye 1997：414)。即便如此，也不要忘记大学宗教的这一点：大学第一批学生大都和他们的导师一样，都是牧师。因此大学的起源和学术自由的起源都与中世纪教会的历史和发展交织在了一起。

在18世纪的启蒙运动时期，产生了民主社会的根本价值信条，即自由、民主和理智处于社会的中心地位。启蒙思想认为，当代科学和我们由当代科学获得的社会观可以帮助我们改善世界上的生活条件。康德为启蒙思想中学术自由的产生和实现奠定了坚实的基础：

> 我们对启蒙运动的唯一要求就是自由，而我们所要求的自由是所有自由中最无害的一种，即运用理智解决所有问题的自由。

当今的争论

当代对学术自由的讨论一直没有什么结果，Birtwistle(2006：208)不禁发问：“学术自由存在‘黄金标准’吗？我们如何维护学术自由？”Nixon 等(2001：234)发现我们一直都在“转换概念”，有一些问题来来回回地重复讨论。

我们还发现，在讨论的过程中，人们试着给学术自由下定义，将它置于已知的框架内，如上升为国家法律。例如，Fuller(2009：165)认为：

> “学术自由”指学生与教师作为知识的探求者所拥有的互补的权利与义务。罗马帝国晚期时曾规定大学、行会、教会、修道士院和城邦是自生自治的社会实体，他们所进行的活动的价值要远远大于其成员自身的利益价值。即使在13世纪，这样的思想也颇受争议，因为这样一来这些组织的成员并不像家庭成员或某个封地的居民那样，受到法律的约束。在1810年，Wilhelm von Humboldt 将学术自由制定为现代国立大学的基石，这更加引起了争议。

但 Birtwistle 本人表示：英国的法律体系只杂乱地包含学术自由的几个方面，缺乏完整的定义和论述。

有些追求学术自由的方式比较缓和，有机会赢得他人的支持，但有些就比较偏执了，如 Badley 举的这个例子(2009：161)：在大学中，教师和学生必须能享有说话的自由，即便他们的思想并不被管理者和统治者接受。

这种观点让我们想起 Waterman(1992：119)的告诫，“要想将理想与现实世界平衡起来是非常困难的”。

毫无疑问，在这场不同观点的碰撞下掩藏的是一个重要原则，即行使独立的思维判断原则，Ivie(2009：53)将其称为“做学问必不可少的原则”。但问题是，很多人在讨论的同时想把这个理智合理的原则变为不理智不合理的原则。因此 Nixon 等有权质疑，现在进行的讨论是否“在维护某个职业团体的利益”(2001：234)。

在学术自由的相关文献中，有很多关于精神压抑的事例，也有很多事例描述正义的教授使社会免遭某种不明确的(想象的)意识形态的威胁。Rochford(2010：259)概括为：

> 无论政府的透明度如何，学术人员身上总有着无形的压力。在这个问题上，大学和政府既没有义务、也没有意愿参与到学术自由的争论中。在过去的许多年里，学术人员出于很多原因都失去了自由。最明显的原因是，自由总被人们当做懒惰、效率低下、不专注和表现个性的借口。其次就是“过去都是垃圾”的说法，老方法要被新方法所代替，新的环境需要新的方法，学术自由是少数人手中握有的珍宝，因此经济狂热者强烈反对这种少数人拥有的特权。学术人员在回答上面的问题时，总会被人以为他是在为自己的利益服务和辩护。但其实，学术自由并不会为研究人员带来利益，甚至也不会为教育机构带来利益，它只会有利于社会的发展。

Ivie(2009：54)用情绪化的语言表达了他的想法，谴责有些人“将学术自由和独立思想从人们的记忆中冲走”。也有人，如 Grable (1973：221)试着从压力的角度分析学术自由消失的原因：

> 虽然影响学术自由的力量多种多样，但至少其中三个非常显著，他们分别是：教职工工会、高校的政治化和某种形式的

政府活动。它们预示着将来高等教育课程和教师的变化。

Corbyn(2010)试着让学术自由，至少让学术人员拥有的自由，不仅仅局限于各自的专业内，他要捍卫“教授作为‘公共知识分子’的身份”，因此引用了Fuller(2009)的话：

> 学术自由并不简单地指，学术人员在他们自己的领域内有发言权，而是对任何事物都有发言权，当然他们说的话必须有理由、有论证、有根据。

就算学术自由是一个人们可以维护的实体，并且它确实受到了威胁，但威胁又在哪里呢？对于这个问题，大家的意见又不一致了。Corbyn(2010)表示学术人员认为威胁来自政治权力。Kok等(2010)认为管理主义、招生名额引发的竞争、高校风气和管理结构是威胁的根源。Ivie谴责政治“左”派(2009：54)，而Barrow(2009：189)却痛恨“政治正确性”、“舆论监管”和“荒唐的后现代潮流”。

很少有人从经验论的角度进行研究，除了Åkerlind等(2010：340)，他们表示：

> 该研究从各个方面对学术自由进行了深入的分析，其中有两个变量，一是学术自由的组成部分，即制约的类型；二是创建学术自由的内部因素和外部因素的作用。此外，还提出了理解学术自由的五种方法，即下面的五大类型：
>
> (1)学术活动不受制约；
>
> (2)在可调整的范围内，学术活动不受制约；
>
> (3)在外部规定的范围内，学术活动不受制约；
>
> (4)学术活动不受制约，教育机构大力支持；
>
> (5)学术活动不受制约，由学术人员自行负责。

那么，从上述文献回顾中，我们可以提取到哪些信息呢？首先，如果我们对学术自由有一个更准确的定义，这场讨论将更加有针对性；同时我们还需要对概念背后的论证进行解构分析。最重要的是，我们在讨论中不应该再用情绪化的语言表达，也不应采用先验论观点。

解构学术自由的概念

到现在为止，我们已经总结了人们对学术自由原则的最新理解和应用。现在的问题是对于这种高尚的情操，人们对它的字面意义一般都是赞同的。很少有人在第一次听到“普及教育是件好事”这个道理时，会提出反对意见。但就是这样一句简单的陈述，其中也包含了我们在讨论学术自由时遇到的问题。我们对“教育”的内容和性质毫无所知，对“好”的定义和理解不能达成一致，无法想象人们用尚未定义的方式接受“普及”教育，因此我们对这句话作出的判断不仅浮夸，而且毫无用处。这正是学术自由遇到的难题。因此在下文中，我们将更加准确地对术语进行定义(从哲学的立场)，思考它们在高校日常生活中的实际应用。

首先我们将对一些与(学术)自由相关的词汇进行分析：自由(freedom)本身，还有经常与它相关的自主(liberty)和许可(licence)，这三个词都有各自的含义。

自主是这三个词中听起来最重要的。如果自由指的是我作为个人可以做什么，那么自主指的便是更广的范围，人们/市民/人类在社会中可以做什么。自主是自由的基石。因此，为了理解学术自由的含义，我们就需要理解其基础——自主的原则。自主有哪些原则？

Berlin(1990)区分了积极的自主和消极的自主。积极的自主指个体既有机会，又有权力行事。Hobbes(Van Mill 2000)的描述如下：

> “一个自由的人想做什么就做什么，不会受到阻碍。”消极的自主(即不受制约的自由)指个人的行为没有残暴或其他的制约：

个人并不会因为自己的行为受到威胁。

在现实世界中，自主的这两个方面会在某种程度上相互矛盾。一名学生有抗议收取大学学费的自由，但国家对他的抗议活动施加了范围。因此他可以自由地进行游行、挥动标牌、呼喊标语，但他不能(甚至受到武力禁止)喷刷油漆以表达对政策的不满。有人说这名学生有积极的自由，有人说他在一定范围内，具有消极的自由，但"范围"的大小和特征都为他的自主带来了哲学上的(归根到底，是伦理上的)制约。我们再举一个例子。一名学生在大学的社团里专写讽刺时事的喜剧。他有自由编写戏剧台词，并搬上舞台表演(积极的自由)。无论校内校外，都对他的这种活动没有任何制约(消极的自由)。但是，实际上有两个因素制约了他的台词内容。首先，台词是否涉及违法内容，如民族煽动。第二，观众是否觉得台词的政治立场有问题(而不是违法)，是否会远离这部剧。所以在现实生活中，实际上的自由既受正式因素的制约，又受非正式因素的制约。作为这名台词作者的赞助组织，这所大学会受到法律和社会的批评，因此会对学生的行为采取措施(限制他的自由)。

从哲学的角度来说，自主就是消极的自由。因此我们通常用"多种自由"(freedoms)来代替自主(liberty)。这些自由包括：

- 经济：工作的自由，甚至经商、从事某一职业的自由。
- 个人：随心所欲行动的自由，追随良知的自由。
- 政治：拥有选举权的自由，对政府组成形式、运行机制和工作人员具有发言权的自由。
- 公民：享受具体的、受宪法保护的权利的责任。
- 社会和文化：交往自由，在社会受到尊重。

学术自由跨过了上述几个概念的边界：学术人员有自由追求他们的职业，有自由在工作时自由移动、有自由与他们希望交往的人进行交往，有自由挑战公认的知识、有自由凭借科学的论述获得政治和社会职位，有自由彼此交流思想而不受阻碍或迫害。他们可以不受外界压力的影响，自由地做上述事情。然而“在自主的历史中，人们都是通过与外力斗争才可以不受其影响”(Stevens 2003 http：//faculty. ncwc. edu/mstevens/410/410lect05/htm)。

最后我们要提出，实现完全的自主并非至关重要。实际上，完全的自主只不过是无政府的同义词而已。个人自主需要范围和情境。从宏观角度看，这些范围和情境包括人性和社会，从狭义的角度看，包括法律、责任和道德等。在这些情境下，人们会获得高度的消极自由，但他们并非完全不受到限制。换句话说，自由是有范围的，超出自由的范围就会引起无政府和混乱状态。

Berdahl(1990：171)在讨论学术自由、自治和问责的关系时，清楚地说明了这一点：

> 简单来说，自治指的是不受外界控制的统治权，问责指的是在外人面前能够对行为负责的要求。在理论上，人们争论高度自治和严格问责之间是否存在一致性；在实际上，人们通常认为问责越严格，所拥有的自治权就越少。当然，二者相互平衡是最理想的结果。如果大学拥有太多自治权，或许会对社会不理不睬；如果对大学的问责过于严苛，就会破坏必要的学术风气。

到现在为止，我们已经举了很多行为自由的例子，接下来我们讨论一下思想自由，这是高校最为出色的方面。Mill(1859)不赞同思想自主。积极的自主指一个学术人员可以思考任何事物，也可以教授任何事物。Mill反对这种看法：

> 任何希望认识真理的人都应该模仿西塞罗在辩论时采用的方法。如果一个人只对与自己立场相关的信息有所了解，而不

> 了解对手立场的观点，那么他对这件事本身差不多一无所知。也许他的理由不错，也许没有人能反驳这些理由。但如果他对对方立场并不十分了解的话，他也一样无法反驳对方的观点，在这种情况下选择任何一方都是毫无根据的。因此，他只能申请暂缓判断，而且必须接受它，否则他将既不服从裁判的判决，又无法完全倒向自己偏向的那方。但是，如果他只听自己的老师陈述对方的观点，并给出对应的反驳，这也是远远不够的。因为这种方法并没有公平地呈现对方观点，也没能让他进行思考。他必须让相信这个观点的人说这些话，因为这些人是在真诚地、竭力地为他们的观点辩护。他必须知道这些观点怎样才能听起来更具有说服力，他必须觉得很难决策哪个观点是正确的，这样才能证明另一个是错误的。

Mill强调科研人员不仅需要理解他们自己的观点和立场，也需要了解与他们持相反观点的人。其实"知己知彼"也与透明度相关的：教师需要让学生看到不同的观点、论据和讨论。Fuller(2009)倡导学术自由，但也承认科研人员并不是该自由最值得信任的守护者。从某种意义上说，超越透明度之外就变为了宣传。如果人们的智力自主和行为自主(教学)也会受到这样的制约，那么除了受到明显的法律制约，还会受到哪些原则的制约？这些原则起源于哪里？

Hyland(2011)从明显的基督教视角，试图用他的"五大法则"来回答这个问题：

1. 铭记过去。
2. 追求真理。
3. 尊重人性。
4. 自我控制(制约)。
5. 保护他人，服务他人。

很多人认为 Hyland 的书存在两个问题，第一，它建立在福音主义的基础上；第二，它深植于美国文化中。但如果我们忽略这两点，它的中心思想还是有很多优点的。我们要把它置于社会的大环境中讨论。自主并不是绝对的，但如果我们要制约每个人的自主，那么就应该明确说出有哪些原则在起制约作用。有些人可能觉得这些原则太简单了，但其实它们并不简单。“铭记过去”原本是指在做决策时机智地运用环境条件，但多少人都理解为固守传统了？提出的伟大问题“什么是真理”多年来始终没有得到回答(也无法回答)。尊重人性很明显是评价人类行为的标准，但难道没有人做出卑鄙的行为，连自己都不尊重自己吗？难道没有这种特殊情况吗？自我控制关乎人类对事物的判断，让我们回到 Hyland 提出这些原则的《圣经》背景，对于亵渎神性的人，耶稣不也推翻了桌子表示气愤吗？同样，服务应该受到人们的赞赏，但即便是最勤劳的人民公仆，不是也需要判断他在什么时候，用什么方法，按照什么顺序，为谁服务吗？

因此，我们至今没有找到对自主(liberty)的明确定义。许可是自主的同义词，但它的出现也没有让定义变得简单。许可包含两个相对的含义。首先，它可以指个人“想做什么做什么”的自由，但我们已经说过了，在现实的社会生活中这是不可能的。第二，它可以指某种权威的形式：第三方“许可”某个人做某事，但却禁止其他人(根据某种特定标准，没有资格)做同样的事。在危急之时，普通人并不能杀人，但刽子手却可以实施司法审判：某些人可以杀人，而其他人却不可以。

现实世界中的学术自由

在学术世界中依然存在这些问题和矛盾。学术自由指的一定不是绝对的自由，这样就失去意义了。学术自由一定是有界限的，而这些界限可能是由多种因素决定的：道德的、伦理的、社会的、财政的、组织的等等。如果我们否定界限，就会导致无政府的混乱状态，或是情绪化的、浪漫的前现实主义。Hayes(2009：144)表示：

> 学术人员面临一个选择。是要选择从事一个没有任何宏远目标的职业，还是选择接受责任，捍卫言语自由和学术自由，使象牙塔成为捍卫社会中自由的灯塔。高尚还是卑鄙，你需要做出选择。

对学术自由的制约主要包括：管理高校的需要(被高校管理的需要)、职业活动的特点、满足客户(学生)和他人要求的需要等。那么学术自由到底意味着什么呢？Badley(2009：158)尝试回答这个问题：

> “智力都市”的概念可以帮我们将高校重建成一个民主的广场，学生和教师一起边走边学，“反复讨论在民主社会做活跃市民”的意义(Martin 2000)。这种想法反对将高校市场化，反对学生学习只是为了成为经济主体，为将来成为工人和消费者做准备，也反对教师教学的行为不过是在教育市场内像商人和培训者一样，为经济服务。相反，大学作为民主的广场，应该为学生提供学术自由，让他们能够以社会人和政治监察官的身份构建自己的人生。而高校也将成为一个充满民主的地方，学生学习如何变成活跃、自主的思辨的市民。作为民主广场的大学将成为一个重要而具有创造性的地方，学生和教职工共同探讨和学习，促进民主，加深对世界的理解。

Badley用“广场”一词表示有着不同看法和思辨能力的一群人，这种措辞也许是很偶然的，因为我们一般会将学术主体描述为“研究院”。这个词很常用，也有着广泛的含义，既可以指一个学院或学校内的所有教师，也可以宽泛地指所有学校的教师。用这个词的人并没有明确给出它的定义，但只要提到相关的事物，就能认出这个词来。我们争论的焦点是，这个词本就是个虚伪，甚至毫无意义的概念。很简单，研究院根本就不存在。一群研究人员，无论是从宏观角度还是从微观角度来说，都和一群医生、旅馆老板、修路工人一样，他们并不是一致性实体。这些群体的成员也许有着相同的利益(或自身利益)，但每个成员都是独特的个人，有不同的态度、方法和观点(职业的或非职业的)，他们的行为也各不相同。因此，要建立一个看起来相对独立的职业群体，赋予他们完全不同的行为，与广义的社会相区别，这简直是异想天开。与肮脏的(教条的)社会相对立的"纯学术界"或"学院"，根本不存在。

或许"研究院"这个概念行不通是因为学术人员缺乏专业组织，比如医生的专业组织是医学总会(GMC)。政府在2000年时计划将学习和教学组织(ILT)建立成学术人员的专业组织，这个组织后来变为高等教育委员会(HEA)，但它并没有总医学会那样的权威。教师的专业组织是教学专业议会，从理论上来说，它应该对学科内的事务具有权力，但这个组织有一段曲折的历史，因此在学科内还没什么地位。现在变成了一个庞大的职称生产工厂，因为在此之前，无论研究人员个人的学术成就多高，他都可以教课，而我们对他的教学技能一无所知。教师很难加入到任何一个团体中，他们喜欢加入不同的组织。ILT和HEA都有尚未发展的领域，很显然也不应该贸然使用"研究院"这个含糊的概念。

然而，当MMR疫苗(流行性腮腺炎、麻疹和风疹)受到争议时，GMC却马上采取了行动。Goldacre(2010)在报告中称：

> 很显然，Andrew Wakefield和其他"被告人"的研究都没有达到医生所适用的高标准。Andrew Wakefield说他在1998年撰写的报告中提到的孩子，只不过是医院的转诊病人而已，而GMC却发现，这些孩子都参与了一项侵入性医疗实验，开展这项实验是出于研究的目的，并没有通过伦理委员会的批准，因

此 GMC 认为 Andrew Wakefield 是个骗子，不诚实不负责。

所以，如果研究人员既没有(我们之前提到过)不受拘束的思想自由，也没有在自己的高校内外加入某个明确、公认、自主的组织(学院)，那么学术自由的概念还有什么意义?

近期我们高校的争论都集中于学费的问题上。我们不应该争论，事实胜于雄辩。英国某些地区(如苏格兰)决定学生无需交付学费，而英格兰地区的学生却债务累累，工作之后还需要归还学费贷款。这改变了高校教学人员的问责义务，从宏观上来说，高校对赞助和支持他们的社会有着广泛的责任；从微观上来说，高校对每名学生都有责任，他们都是花钱赞助教育系统的客户。虽然科研人员并不希望他们的自由受到市场的制约，但这种情况在英格兰是无法避免的，在许多有着相似财政体系的其他地方，也是无法避免的。学习氛围的概念(Neary 和 Thody 2009)不再指类似于学生食堂的无线网之类的事，而开始指代顾客与商家的关系。

这种关系贯穿于每件事中。它影响导师的教学和指导时间，顾客(无论是政府的商业、创新和技能部，其中高等教育没有特定的名称，是该部门工作的一部分，还是个人)希望他们交付的金钱能换来价值。它也影响着教育机构，他们必须吸引顾客，要求员工用顾客/客户喜欢的方式招募、教学、指导和获得成果。我们很难不去想，甚至不可能不去想，顾客就是上帝。因此，高校和其中的研究人员必须取悦很多顾客，也就很难有什么自由了。

市场主义衍生出了管理主义。如今高校的管理方式越来越偏向于管理主义，Elton(2010)为此感到非常悲伤。他对这件事的分析是正确的，但这个趋势是无法避免的。如果某个组织的主要目的是使顾客买到的服务物有所值，而且有理由使其物有所值，它就必须采用这种管理方式。如果那个组织是高校，那么它的管理者就应该创建能够创造价值的体系，这只是一件关乎存亡的事，也就是关乎有无工作的事。因此，副校长越来越以商业为中心，他们利用越来越多的部门管理和运作大学，并要求教职人员越来越商人化，达成他们的商业目标。无疑，执行商业计划与学术自由的概念格格不入。现在谁决定学术事务呢？不是“学院”，不是教职人员，而是商业管理者，好在他们还称呼自己为教授或副校长，而不是企业经理。Even Rorty(1996：21)想要维护学术自由的概念，但又必须承认：

> 这些风俗习惯使学院和大学与政治和公众意见分隔开来。尤其是使教师不再受到为他们发工资的公共组织和私人董事会的压力。

在大学的城墙外，也没有学术自由。如果一位研究人员从事公共领域的研究工作，那么他必须遵从社会准则，而不是学术自由。大公司也许为花重金聘请出色的研究人员展开调研，但这些调研都是有特定任务的，研究人员不能自行设计研究题目。投资研究的客户也许希望研究能够偏向于某一方面。有人敢反对吗？他们甚至希望研究结果能偏向某一方面。所以研究人员妥协的也许并不仅仅是自由，还有诚信。例如，下面两种情况其实性质都差不多。在顶尖高校工作的 Brainbox 博士接受了 Best Buttery 公司的拨款，要他研究并证实该公司产品有益于健康。Brainbox 离开高校，专门为 Best Buttery 公司服务。研究中的学术自由要求研究人员与被研究的内容完全没有任何联系，无论何时，金钱都代表着妥协。

我们从不久前发生的重大药物滥用事件就能看出，政府对研究人员是有所期待的，这件事还涉及该研究员所掌管的药物滥用咨询委员会(ACMD)。根据卫报(2010)，David Nutt：

> 批评官员扭曲研究结果，他说酒精和烟草比一些非法毒品(如迷幻药、摇头丸和大麻)更具有伤害性。在此之后他就被解雇了。

Nutt 后来成立了他自己的新组织——毒品独立科学委员会(ISCD)，其中包含很多该领域的专家。Nutt 说 ACMD 在科学方面已经失去权威了，因为他的辞职，其他五位成员也纷纷退出该组织，其中四名加入了 ISCK。ISCD 的研究内容和 ACMD 的相同，但研究结果将更加独立和自由。人们也许认为这一系列实践非常天真，因为接受了政府的援助就相当于从女王那里拿了钱，显然委员会的运作方式会受到政府的影响。政府也许会想要操控研究结果，而这正是所有赞助活动可能引发的危险。

对学术自由起到威胁作用的还有其他事物，他们威胁的方式更加隐匿。我们开始对科技警觉起来，它不仅侵犯了学术生活中的个人主义，也可能侵犯了每所高校的特殊性。所谓的"研究共有"的支持者似乎认为个人的知识产权(他们的想法、作品、计划、课程等)都应该公开发表在互联网上。另外还有些人建议，这些内容在互联网上应该可以被每个人看到，一旦传到网上，别人可以下载使用甚至修改。Watling(2009：83)是位技术控，但他认为技术是"入侵性媒体"，这种描述或许比较含蓄。有人怀疑，研究共有的思想降低了学术自由的重要性(http：//academiccommons. org/about-academic-commons)。

那么，对于指导 21 世纪高校的学术自由，我们又有什么要说的呢？

所谓一种思想，到目前为止学术自由已经有很多缺陷了。因为它要求学术人员可以不受任何限制地进行研究，而不考虑为他们投资的高校，也不考虑这会给社会带来怎样的伤害。理智地说，人们同意研究人员与公民拥有一样的自由去追寻真理、表达真理。Badley 的广场说非常恰当，但学术人员不一定非要(应)比其他人更有能力、更有责任做这件事。真理就是真理。研究人员应该享有更多受议会保护的特权，言语自由，不必问责，这种想法对其他人不太公平；研究人员在自己的专业领域之外也应该享受学术自由(Fuller)的说法更是荒谬。人们应该知道，不受问责与凌驾于法律之上仅仅是一墙之隔。

从现实角度来说，研究人员不过是员工而已。大学直接给他们发工资，政府间接给他们发工资，他们不过是纳税人而已。因此学术自由没有道理不受到高校管理的束缚，不受到国家雇用要求的制约。

在我们看来，拥护学术自由的人只不过想建立“他们和我们的”文化，掌握知识的好处就是可以与合法的权威保持距离。研究人员与他人的这种隔阂无法在实践上保持下去，也无法得到理论的支持。他们想要加入生活在象牙塔内的学术界，这在中世纪也许还是一个高远的追求，到了 Marple 小姐的时代，她拉上了朝向 Mary Mead 大街的窗帘，潜心研究，人们也许还会说这样的行为彰显了公共的善意。但在当今社会，人口不断增加，对资格和质量的压力越来越大，对金钱的认同感越来越强，公共部门对问责的要求越来越高。在这种条件下，与公众保持距离，完全失去了意义。

第三章　学习生活中的宗教和精神

Tom Sherwood

引言

在前几章中，我们讨论了高等教育的伦理问题，并提出了学术自由和它的伦理范围。本章将讨论另一个与高等教育相关的概念——精神。社会大众对这个问题持相互矛盾的两种态度。一方面，社会希望公民能够在精神上有所信仰，在神圣的场合下表现出敬畏。另一方面又害怕宗教极端主义。本章将探讨宗教对高校学生价值观形成的作用，以及牧师在人们精神层面起到的不断变化的作用。

现状

Stendahl(1963：521)在 50 多年前说："人们在讨论美国大学中宗教的作用时，都觉得一头雾水"。这句话如今仍然适用于西方的高等教育机构，无论是在美国、欧洲，还是在全世界。

令很多教育学家惊讶的是，在 21 世纪，宗教和精神并没有从大学生活中消失。实际上，自从 9・11 事件发生以来，校园牧师变得越来越重要。很多高校都增加了对校园牧师办公处的支持，聘请更权威的人士，建立了多信仰中心，以支持和丰富学生生活。有时人们认为高校的这些行为，不过是为了招募和保留学生而已。

20 世纪的理论认为未来的教育会逐渐脱离宗教，而最近的研究却表明，情况比预期的要复杂很多。在一个全球化的时代，人们既脱离宗教组织，又追求宗教的基本教义，参加宗教活动的人数减少，但对精神层面的追求和表达又在不断增加。在这个时代里，我们可以说："所有的概括都是错的，包括现在这个。"

世俗化发生了什么？首先，对世俗化的定义太多了。人们用这个词来形容宗教活动参与度降低、宗教对社会的影响减弱、宗教与公共生活相分离、神圣感的缺失等。这些现象相互关联，但却相互区别。有些理论家认为当前的现象并不能说明宗教已经衰落了，而只说明人们在表达精神的时候所选择的词语有所变化。Peter L. Berger 甚至认为现在正在发生"去世俗化"的运动(1999)。

在 2007 年的欧洲大学牧师会议上，来自蒂尔堡大学的 Erik Borgman 表示"应该说现代性既加速了世俗化进程，又促进了宗教的发展"(Borgman 2007)。由于大学里都是年轻的现代人，所以学校需要处理好这两个矛盾。很多教育学家和管理者都很感激学校中的宗教专业人士——"牧师"，因为他们可以帮助学校完成这个任务。

学校必须妥善处理宗教关系，因为这涉及现实问题。最近的研究表明，宗教和精神不仅对当代年轻人很重要，还会影响他们在高等教育中的心理状态和表现成绩。

《陶冶精神》(Astin 等 2010)是一项针对美国高校学生展开的大范围纵向研究的研究报告(2003 年调查了来自 236 所高校 112,000 名学生，2007 年又后续调查了 14,527 名学生)。研究表明学生的精神状况与高等教育的几个重要变量之间存在正向关系，这些变量包括学业成绩、心理健康、领导力发展以及对高校的满意度。他们还发现教师和学生的世界观相差很多，教师在宗教虔诚度上得分更高，在精神方面得分较低，而学生的分数则恰恰相反。

现代对宗教和精神的区分开始于 50 年前(Zinnbauer 等，1997)。尽管世界上各个宗教的历史中都出现并肯定过精神的存在，20 世纪的"新精神"为宗教管理人士带来了问题，他们希望在这个飞速变化的世界中，依旧存在着节制和正统的思想。Sandra Schnieders 表示：

> “精神”这个词常包含着贬低的意味，它与狂热和精神活动的异端形式有关，而不表示对宗教的“虔诚”，不强调节制，也不强调人类的努力。(Schnieders 1989：681)

1997年一群自称“不信教但有属灵”(SBNR)的人展开了一项研究，他们发现提到“宗教”，人们总会想到正统信仰和宗教活动的高参与度；而提到“精神”，人们就会想到实验法、对宗教崇尚的兴趣以及对教会和宗教组织的厌恶(Fuller 2001：6)。继Fuller后，有很多人展开相关的国际研究，其中有些做得很不错(Rao et al.，2006；Saucier和Skrzypinska，2006；Chandler，2008)。但目前我们还没有获得比较有条理的研究结果，因为人们对这些术语的定义还没有达到统一。

尽管如此，总的来说精神通常与个人和主观联系在一起，而宗教就更加强调人与人之间的联系，更加强调组织。例如，Astin和同事利用李克特量表，对词语“宗教的”定义出现的频率和强度进行分析，例如：

> 我相信上帝。
>
> 我祈祷。
>
> 我参加宗教仪式。
>
> 我在日常生活中遵守宗教教义。

“精神的”一词出现的情景如下：

> 我相信生活是神圣的。
>
> 我和朋友们讨论生活的意义。
>
> 我在寻找生活的意义/目的。

澳大利亚的David Tacey与美国的Marler和Hadaway在SBNR现象和世俗化理论(世俗化即是衰退又是转变)的基础上，提出宗教组织逐渐失去影响力，宗教活动的参与率也不断下降，在这之后剩下的可能就是精神了(Tacey，2000，2003；Marler 和 Hadaway，2002)。

在 2006 年欧洲大学牧师年会上，英格兰和威尔士地区的全国大学牧师协调员说：

> 我们很难对精神下定义，它很模糊，很不准确。几乎有多少人就有多少种定义。作为牧师，我们面临的挑战就是要尊重每个人的精神。我们知道，每个人的精神都不一样，没有统一的标准……因此，如果我们关心自己或他人的精神健康，我们就要花时间听每个人讲述他们的故事，理解他们的处境(McCoy，2006)。

对顾问、牧师和文化人类学中的人种研究方法而言，“倾听”是个很常见的词。加拿大自 2009 年开始，对年轻人的精神进行全国范围内的研究，该研究的名称就是“倾听回声”(Sherwood，2011)。

这里的“回声”指的是 1978 年后出生的年轻人，是 1945 年到 1965 年之间婴儿潮的后代，他们是婴儿潮产生的回声。

这代人的家庭生活文化、校园文化和工作环境文化与前几代人差异很大。因此社会学家不得不创造新词来形容新出现的社会现象：圈养的一代、啃老族和直升机家长(密切关注孩子)。不同国家的不同社会学家对他们的称呼也不一样，如回声潮一代、新兴成人、成人青少年、新世纪一代、Y 一代和网络一代等。他们是从童年和青春期早期就开始使用电子邮件、短信和手机的第一代人。高中的教师不得不采取些新策略，才能使他们的管理更加有效。高校也在做出调整。销售经理用各种新技术与他们取得联系。雇主刚开始了解这些人的工作态度，于是也在进行调整。政党在思考如何赢得他们的支持，同时也获得传统宗教人口的支持，如他们的父母和祖父母。

主流的宗教组织可能会把他们称为“迷失的一代”，因为在他们父母和祖父母参加的传统的宗教活动中，永远看不到他们的身影。

Smith 和 Snell(2009)对美国“新兴的一代”(18 岁到 30 岁)进行了分类，分类的依据是他们与“宗教”的关系，此时宗教被定义为通过传统的方式和教堂表达出来的精神。他们在全国范围内抽取了足够多的随机样本(n＝3290)，用以估计每种宗教类型的人口占美国总人口的比例，如下所示：

1. 虔诚的(传统的)	15%	“我真的很虔诚。”
2. 有选择性的	30%	“我从可以做的事情中选择一部分。”
3. 精神开放	15%	“除了我接触到的，还有很多别的。”
4. 不关心宗教	25%	“我就是不在乎。”
5. 宗教断层	5%	“我真的不知道你在说什么。”
6. 不信教	10%	“宗教毫无意义。”

(Smith and Snell 2009：166－179)

这项研究的问题和回答都很具有煽动性。各种类型的人数是否会改变？如果是的话，向哪种类型改变？对于其他国家，类似的统计又会获得什么样的结果呢？

加拿大的调查结果与欧洲、美国和澳大利亚近期调查的结果差不多，但却更加充满生机。因为加拿大的这项调查是通过电子邮件、短信和 Google Talk 对话展开的，因此可以听到很多年轻人的声音。在 2011 年发表的初步报告中，就包含了很多与后现代世界观相一致的宗教模式。下面我们列出了一些比较重要的主题，每个主题都附带一句话来解释和说明它所包含的态度或观点。这些话都来自年龄在 18 岁到 24 岁之间不同院校的大学生，他们在 2009 年到 2011 年之间说了这些话。

个人主义

“我相信世界上存在着某种至高力量，但谁也说不好它是什么，因为每个人都是不一样的。如果我们要给这种至高力量贴上标签，那就剥夺了它对每个人的特殊性。”

独立

“我的家人信仰宗教和上帝，我尊重他们的选择，但我个人没有兴趣参与其中。”

赋权感

“我相信我在控制自己的精神和命运。”

民主和参与的态度

“精神的魅力就在于每个人都能获得它，它能用独特的方式帮助到每个人。”

“自我”是起点和核心

“我相信最终要想生活快乐，每个人都需要有些信仰，哪怕只是相信自己而已。”

控制欲

“宗教并不能限制你，你限制你自己。”

家长不应为孩子的宗教生活做主

“不应该强迫他人信教，即使是父母也不应该强迫自己的孩子，而应该根据个人的信仰来去自由。”

在宏观层面(社会)……

“尽管宗教能让人们凝聚起来，但它带来的不幸更多，比如战争、死亡、把可怕的事情合理化等。”

和微观层面(个人)……

“宗教夺取了个人选择和意志。”

反对制度性宗教

“宗教弊大于利。”

对制度性宗教的批判

“宗教成为了商业，教徒变成了教堂之间竞争的商品。”

宗教与前现代和前科学的世界观的联系

“古代的人们相信上帝，我并不怪他们。”

(Sherwood 2011)

“倾听回声”计划中的一些年轻人直言不讳地表达了他们对“不信教但有属灵”的偏向。下面这段话来自一位25岁左右的年轻女人，她已经完成了大学本科的学习。

> 对我来说，精神比宗教更有道理。相信某种个人的精神，而不是让他人告诉你你应该信仰什么。所以我更相信精神，不相信宗教。
>
> 对很多人来说，宗教可以提升他们的精神，带来平静的感觉，我尊重他们的选择。但我更喜欢通过个人反省为自己带来平静。反省过去的错误，并从中吸取教训，这样才能把我变为更强大、更有灵性的人。我努力通过个人思维来提升自我。
>
> 信仰精神指我知道自己在做什么，也知道这些行为给自己和他人带来的影响。我对自己的幸福负责，我不需要参加教堂仪式来净化我的心灵。
>
> (Sherwood 2011)

其实，加拿大研究中的很多话都表明了对个人精神的积极态度和对制度性宗教的消极态度。他们充满活力和希望，他们代表了一代人，至少代表了某些回声代的人。他们都相信精神，遵守社会中的伦理规范，希望对世界起到积极作用。

然而，研究中还出现了与此不同的主题。下面是一些年近30岁的大学毕业生的声音，他们完全尊重人们退出传统的制度性的宗教，但却感觉到了精神上的贫瘠：

> 我对神的态度使我陷入了一个尴尬的局面。我相信某种神灵的存在，但却没有人能跟我一起相信和讨论它。
>
> (Sherwood 2011)

在澳大利亚的研究至今已有十年之久，但这项研究仍然很现代。2001年时，“Danny”18岁，“Matthew”22岁，“Beth”19岁。他们说的话会出现在第五章精神革命中。

“Danny”听起来就像 Dietrich Bonhoeffer（德国神学家）在和 Christopher Hitchens（美国无神论者）进行讨论：

> 我希望能做一个不信教的基督徒，回归到基督教的本质。对我来说，“宗教”阻止人们追求基督教，我希望大家都能回到《福音书》传递的简单信条中来。
>
> 现在的传统教堂与耶稣在世时的宗教很像，它们都有高人一等的优越感，脱离圣灵，具有等级性。

“Matthew”听起来像是与文士和法利比赛人有冲突的耶稣，不过更像16世纪宗教改革者的现代版本：

> 在这个“新精神”的时代，我们将宗教扔到一边，认为它过时了，像家长一样干涉我们，宗教体制由那些遥不可及、心胸狭窄的人所控制，而且这些体制也已经腐朽了。感谢上帝！
>
> 在这个转变的时代，我不觉得很多人都不再相信上帝了。相反，我认为我们只不过需要重新定义一下上帝，以及他对我们的意义。新精神的任务不过就是将上帝的形象进行了更新而已。

“Beth”对上帝的身份提出了质疑，继而说明20世纪的上帝主要表现为一神论：

> 上帝当然没有死，人们不过在用新的方法接触和看待上帝。或许只有宗教瓦解了，才能出现精神吧。或许宗教必须死去，我们才能看到精神的发展。
>
> （Tacey 2003：75—91）

当老一代人听到这些话，他们也许会想到美国喜剧演员 Lenny Bruce 在 20 世纪 60 年代说过的一句话，引得人们发笑不止："每天人们都离开教堂，回归上帝。"

大学牧师的工作就是聆听年轻人的声音，他们知道当学生说他们并不信仰上帝时，本可以与学生好好交流，让学生了解上帝。但实际上，就连牧师自己也不相信上帝。

总的来说，高等教育中的精神和宗教状况非常复杂，其中包括了传统的宗教信仰和活动、全新的宗教表达方式和个人精神。对此我们了解的并不是很多，部分原因是当前变化的速度太快，多种多样；另一部分原因是如今新出现的情况需要新的理论和研究方法。

学生顾问都知道，学生来到大学后并没有遗弃他们的精神。他们并没有把精神挂在校园某个地方，直到下课后才会拿下来。如果他们有宗教信仰或相信精神，他们会在校园内寻找方法表达出来。也许他们不会在教室里明确地表达自己的宗教信仰，但却体现在与他人的关系、情感、希望、价值观和个人决策中。他们信仰的方式与父母和祖父母那代人不一样。他们也许口头上说自己不信教，但也在思考宗教这个一直存在的问题，他们会寻找帮助。

这代人通常会去牧师或多信仰中心寻求帮助，这种地方通常叫做"牧师处"。

回应

如果校园中的精神状况在不断变化，那么为学生提供的宗教和精神顾问服务也需要不断变化。

当代世界的发达国家内都设有大学牧师处，它的历史最早可以追溯到西方大学的起源。在现代形式的学科教育和职业教育分化之前，宗教活动和精神关怀曾是大学生活不可分割的一部分。最早的一批大学本身就是宗教机构。大概在500年前的西欧，“通向教堂的大门就是通向职业生活的大门”(Rashdale 1895：II，696)。据说“牧师是最早的职业”(Sherwood，1994)。“律师、医生和公务员都是教会体系中拥有特殊职能的人”(Carr-Saunders 和 Wilson 1933：290)。自第一所大学建立之时，宗教仪式和牧师就成为了西方大学生活的一部分。

“牧师”一词源自基督教教士的概念，他们在某个特殊的宗教机构工作，为牧区和教会之外的人们提供宗教服务。据说这个词的发展是这样的：St Martin of Tours 将他的斗篷(“capella”)借给了一位衣着单薄的乞丐。据宗教所述，这件斗篷变为了环游欧洲的帐篷。这顶帐篷又变为了第一所教堂(“chapel”)，帐篷的管理人就变为了所谓的牧师(“chaplains”)。

在15世纪的欧洲，教堂是某个机构或富人家里的私人圣堂。在里面工作的教士就是牧师。15世纪的大学就是这样的地方。那么谁是第一个大学牧师？他在哪里？这个问题有很多说法，这要看大学的定义是什么了。但显然剑桥大学是一个备选答案。在1256年，某人死后给大学留下的遗产就是“两个牧师……”(Stokes 1906)。

牧师的历史对文化产生了很大的影响，在当代生活中，“牧师”这个词，无论它指的是教育机构还是医院和军队等其他组织，都遇到了两个问题。

首先，牧师是一个基督教的词，它与欧洲教堂获得权力和垄断的历史有关。这对于与学生接触的其他信仰的顾问是个问题，他们可能信奉犹太教、穆斯林、印度教、佛教、土著等。另一方面，大学多年来一直都有犹太“牧师”，也有信奉其他宗教的牧师。不同人、不同学校对这个问题的决策不同。

例如耶鲁大学，尽量不适用“牧师(chaplain)”这个词，但却用另一个基督教的词汇：

耶鲁大学宗教传道牧师(minister)致力于学生、教学人员和职工的精神、伦理、智力、社会和身体健康。它旨在增强大学教育学生、传播知识的能力，旨在促进不同信仰和文化的人们相互尊重、相互理解，并在校园内积极推动他们之间的对话。

(http：//chaplain. yale. edu/yrm)

“传道牧师”的含义更缓和，但却充满了基督教色彩。耶鲁大学的网站列出了31条基督教的传统教义。

自20世纪80年代以来，加拿大不列颠哥伦比亚的维多利亚大学称该校有一所多信仰牧师处，它对“多信仰牧师”的定义如下：

每名牧师代表一个信仰群体。牧师是公共机构中官方指定的宗教人士。

该网站列出了十多个“信仰团体”，包括巴哈教、佛教、犹太教和穆斯林教。哈佛大学也设立了相关部门，其官网称：

哈佛宗教处包括世界上25种宗教信仰和35名牧师，他们共同为哈佛的学生和教职人员服务。

在2008年，来自20多个国家、3个大洲的高等教育宗教人士共同建立了全球多信仰协会，他们选择了“牧师”这个词。同年，国际高等教育牧师协会(IACHE)在芬兰坦佩雷的一次会议中成立。2011年1月，牛津大学正式委任了它的第一位印度教牧师；2011年6月，官方的穆斯林组织称美国校园内有30多位“穆斯林牧师”(http：//muslimvoices. org/muslim-chaplains-growing-college-campuses)。

目前，世界各地都设有威卡教牧师、人道主义牧师和土著牧师。“牧师”这个词似乎又重新开始使用，但却被赋予了新的、多信仰的含义。

“牧师”的第二个问题是，人们通常认为它指的是通过为他人提供心灵关怀而极力保持现状的宗教。100多年前，Max Weber区分了神职宗教和预言宗教，即“维护现状的牧师”和“代表变化的牧师”。有些宗教领导人批评神职宗教，说他们维持特权、贫困和不公正的现象，是腐朽分子。他们赞同Max对于宗教的说法，认为宗教是“人们的鸦片”。这些人强调宗教的伦理主题，是公正和社会变化的代表。与其说他们是在为现有的宗教机构服务，还不是说是在攻击它们。

例如，世界上最大的两个校园牧师机构都在美国。其中一个是国家学院和大学牧师协会(NACUC)，它的名称用到了“牧师”(chaplain)一词，这个协会的成员都由大学聘请，并到大学进行服务。另一个组织叫做国家校园传道牧师部协会(NCMA)，在名称中没有用到“牧师”(chaplain)，而用到了“传道牧师”(minister)。该协会的成员并非由学校聘请，而是由校外的信仰组织聘请的。

相似地，美国联合卫理公会是美国大学生活中最活跃的基督教宗派之一，在它的官方网站上，对牧师和传道牧师进行了区分：

> 牧师通常为美国联合卫理公会相关的教育机构服务，并由教育机构颁发聘金。而传道牧师一般为与教堂无关的学校服务。

但这两者的区别有时也很模糊。在加拿大的大学中，被其他国家称为“天主教牧师”的人们却在网站(http://www.cccm.ca)上称自己为“加拿大天主教校园传道牧师”。当一个被人们广泛接受的模式适应不断变化的环境时，就会发生这种矛盾。

到了20世纪中叶，高等教育入学率迅猛上升，大学中的牧师处也得到了确立。那时的牧师处还只是针对某一个宗教，甚至是某个宗教下的某个教派而已，而且大多数都只针对基督教。在20世纪下半叶发生了两个变化：高校确立了职业标准和多信仰牧师。

牧师的职业标准是由一线的牧师们自己建立的，他们当时正在组建职业协会，希望相互帮助，共同推进教育，并建立起宗教伦理规范。

职业主义对神职人员来说可能会有些困难。与其他同等学历的人相比，他们的自主权比较少，工资也比较低。20世纪中叶，有些人意识到其他职业的兴起和宗教职业的衰落，因此通过细化和建立伦理规范、建立宗教与其他学科的联系和成立新组织等方法，开始改变自己的职业。(Sherwood 1994)

如今我们看到很多全球跨信仰的专业协会。某些比较大的国家设有国家协会，某些地区设有国际会议。2008年，人们又建立了另一个全球跨信仰协会。

其中，全国学院和大学牧师协会(NACUC)或许是最古老的协会。它成立于1948年的美国，比全国校园传道牧师协会早成立20年左右。根据该组织的宪章，NACUC的目的是开展一系列活动，首先：

> (A)推广泛基督教主义的精神，在联系中深化各信仰组织的相互理解。
>
> (B)对更广阔的高等教育机构和宗教组织宣传高等教育中宗教和精神的作用。

其他全国协会和世界协会成立后，NACUC赋予了它们很多权利。2000年，它赞助了在加拿大温哥华召开的第一届多信仰全球会议；2004年，在澳大利亚布里斯班召开的第二届全球会议上，NACUC的成员表示赞成建立全球化的跨信仰协会。2008年，NACUC在芬兰坦佩雷组织召开了第三届全球会议，旨在发展全球牧师的友好关系，相互吸取经验。2008年，在NACUC的第六届年会上，成员们投票支持高等教育牧师国际组织(IACHE)的建立。

澳大利亚最近几年在这方面也做出了很多努力。1986年，在霍巴特召开的一次会议上，人们首次提出建立全国性的高校宗教人员组织。在此之前，牧师们也每年召开会议，但每场会议之间并没有什么组织联系。刚开始的时候，只有天主教的牧师(priest)参加这些会议。在20世纪70年代，其他基督教分支的牧师也开始参加。(直到1997年才变为多信仰会议)在1986年的会议上，Robyn Johnson建议在澳大利亚建立全球性的协会。1987年，在布里斯班召开的会议上，正式成立了第三校园传道牧师协会(TCMA)。人们使用“第三”是为了与高中的校园传道牧师处区分开，使用“校园传道牧师”而不用“牧师”是因为人们觉得“传道牧师”更具有包容性。自1997年到2006年，来自珀斯科廷大学的牧师 Erich von Dietze 一直任 TCMA 主席，推动全球性多信仰协会的成立，该组织最终于2008年成立。

加拿大在这方面的道路并不一帆风顺，不过对于人口较少或并不发达的国家来说这是很常见的。在20世纪80年代，加拿大校园牧师协会发展起来，可是该组织并不正式。1992年，该组织发布了《伦理准则》。1998年，建立了宪章。1998年在埃德蒙顿、2000年在温哥华、2002年在西安大略大学正式召开会议。现在这个组织几乎不存在了，只是偶尔会召开非正式会议，但它依然有很强的参考价值。例如，维多利亚大学的官网上就写有《伦理准则》；2008年在坦佩雷成立了IACHE后，与会的加拿大人回国后决定建立一个强大的宗教组织。后来成立了加拿大校园牧师中心(www.campuschaplaincy.ca)作为科研基地和精神寄托之所。

也许这些国际会议和全球协会的发展历史象征着当今学生生活中宗教和精神的发展方向。1996年，来自加拿大、美国、澳大利亚和新西兰的代表参加了在英格兰达勒姆召开的世界基督教牧师会议，并提出了开展多信仰全球会议的建议。加拿大多信仰群体的牧师们表示愿意主办这件事，并于2000年在温哥华开始了组织工作。CEUC委任他们的执行秘书 Johan Kijne 筹备这次会议。这次会议的主题是“凤凰腾飞”——一个跨文化、跨信仰的形象，代表着复活、化身、新的生命和新的生机。来自世界6个大洲、8种宗教的400多名宗教人士参加了会议。

与会者发现由于这场温哥华的会议和全球组织的多样性，他们第二年在应对9·11事件时，在应对公共生活中的宗教问题时，准备地更加充分。他们中的大多数人都是各国宗教协会的会员，认识到在面对充满压力、不断变化的世界时，国际多信仰组织能帮助他们提高工作效率。2008年他们在布里斯班开会时，开始建立高等教育牧师全球协会。2008年在坦佩雷召开第三届国际会议时，建立了该组织和宪章。2012年6月预计在耶鲁大学召开第四届全球会议，主题定为：移动中的马赛克：多信仰世界中的精神领导。

今天的学生来自各个国家、有着各种信仰，这为学生服务带来了很大的压力。国际学生在校开展宗教活动时可能会更激进。犹太教、穆斯林教、巴哈教、土著和其他教派的教徒也许会觉得他们需要单独的宿舍，而学校领导最初并没预料到这一点。管理者们越来越关心财政状况和招生人数，他们意识到有效的多信仰牧师处可以帮助他们达到目标宣言。

有些学校早就建立了多信仰中心。有些中心在学生服务楼里，有些中心则设立在专门的建筑中。

在加拿大，维多利亚大学1986年成立的跨信仰教堂就是专门的一座建筑物。澳大利亚布里斯班的格里菲斯大学在2002年建成了它的多信仰中心。在过去的10年中，许多美国、英国和欧洲的高校都为宗教和精神组织和活动开辟了空间。

无论是否开辟新的空间，许多高校都开展了多信仰项目。有时人们希望某项活动能有多种信仰的群体参加，有时这很重要。人们普遍建立多信仰小组，解决种族、性别、伦理和公共政策等问题。这些活动丰富了校园的知识和精神生活。

多信仰的宗教仪式或许比较难以展开，但这确实可以完成的，而且比我们想象得要重要很多。例如，9·11事件后，许多高校为各种信仰的学生提供心灵抚慰服务和祈祷活动。2004年12月的印度洋海啸，及不断发生的地方暴力事件和悲剧，使得学生的这种需求越来越强烈。

人们需要组织多信仰的宗教仪式。加拿大渥太华卡尔顿大学的学生提出要在9·11事件一周年纪念受难者，他们请求牧师组织大型的纪念活动。无信仰的学生干部和9种不同信仰的学生共同在校园里唯一的一所高楼中组织和举办了这项活动。每个宗教团体有五分钟时间念诵经文，背诵教义，进行祈祷。如果经文的语言是希伯来语、阿拉伯语、梵语或克里族语，讲话的人会用英语翻译和解释。很多学生后来说，在大多数的纪念活动中，他们都扮演观众的角色。但这次很多人觉得深受感动，自己的精神得到了充分的表达。很多最受感动、最充满感激的学生都说他们其实“不信教”。

在这之后，学生们彼此拉手围成一个圈，象征着人性统一的希望，铭记人类相互紧握的双手不能用于攻击对方。接着，他们默默地走下44级台阶，纪念在美国双子塔中丧生的人们，也纪念那些在救援中丧生的工作人员。

大学生在经济、学术和时代压力下感到非常脆弱，尤其是在新年和考试期间。9·11事件发生在开学后的第一周，这给学生带来了更多的创伤。有些同学才知道他们室友的名字，才第一次见到教授和同学们。政府中止了对学生们的财务援助，新的援助还没有到来。此时，宗教活动能帮助人们度过危机。但对于现代学生来说，宗教活动应该具有精神多样性，组织形式也应该多种多样。

总结

中学毕业后的几年是年轻人在现代社会中充满风险和决策的一

段时间。他们选择自己的事业、生活方式，并选择自己的生活伴侣和公民身份。学生们在这时对工作和事业具有敏锐的职业洞察力，同时，他们对自己的身份也有更深刻的洞察力。

在很多学校，学生把牧师处当做一个安全的港湾，他们可以与别人讨论课程、了解自我、培养伦理身份、讨论公共事务。他们可能会变成教育学家、公务员、科学家、企业家、医生、社会服务人员、政治家、管理者、建筑师、工程师或其他身份。很多学生参加牧师项目，加入多信仰中心，与宗教和精神顾问交流，对于他们来说，他们的职业决策是建立在自己的宗教观念或精神身份上的。

在过去的几百年中，大学一直都是社区、精神和价值观的家园。现在某些大学依旧如此，但当前的情况却使其变得困难很多。大多数学校都没有足够的地方设置公共休息室；学生在课堂和兼职之间来回奔波；传统的宗教机构在后现代的文化中苦苦挣扎；物质主义、实用主义和困难的经济形势使人们失去了伦理思维。但在很多学校，牧师处和多信仰中心依旧能够扶持校园里的人们，建立团体、培养和表达个人的精神、体现伦理的价值观。高校如果有条件创建多信仰中心，将对保留校内优良传统和团结起到促进作用。

第二部分

领导力和管理

第四章　21世纪高校中的领导力：艰难的抉择与有效的管理

Muriel Robinson

引言

当前，公共开支削减、金融危机进一步蔓延，给英国大众高等教育系统带来了前所未有的压力。本章探讨在此背景下，高等教育的高层管理人员所面临的问题。"棘手难题"(2000a)产生约十年后，Watson对其进行了分类。本章将重温该内容，并认为在英国高等教育发生变化的同时，还出现了一类新问题，且很难找到持久有效的解决之道。它们归纳起来抽象，表现形式却很直接，在英格兰小型高校中随处可见。此外，本章还将研究，什么样的领导方法可能解决此类问题。这是一个逐渐展开的故事，还不能立刻知道结论。因此，本章内容留给读者的，与其说是确定，不如说是疑问。

背景

上年纪的读者们或许还记得电视剧M * A * S * H(《风流医生俏护士》)，该剧是一部黑色情景喜剧，情景设在美国的一所流动陆军医院。它表现了在朝鲜战争中，救助伤员时所出现的种种困难。对大多数人来说，这是首次接触到分类的概念——将轻伤与重伤、可医治的与无法医治的伤员分开。受战争影响，医院的位置随着手术前线的转移而转移，并且及时调整管理方法，以达到与陆军规定保持一致。

医院的大部分工作人员，在和平年代只是普通百姓。日常生活与军营生活的矛盾，时常让他们处于紧张状态。但无论是在和平年代还是战时，医院的首要任务仍然是救死扶伤。

这似乎正是对当下英国高等教育的一个恰当类比，虽然学生确实有别于战时的伤员，但外部环境却与战时一样不友好。在这样的环境中，我们几乎无力去改变什么，执掌决策权的投资人与我们的所想所做不尽相同。高校的领导们就像影片里的 Colonel Potter 一样，努力保护专家学者不受政府的控制，尽量抵制外部压力以保证学生的健康成长。优先分配成为有力的管理工具——区分小事与大事、区分不可能完成的任务与费力却能完成的任务。预算多少取决于政府，我们竭力用日益减少的资金达到上述目标。

这或许是个有点极端而且不太公平的类比，但却获得了共鸣。我在高等教育部门任职超过 25 年，在英国高等教育部门担任高级领导 11 年，在一学校担任领导 8 年，我经历了八九十年代末期的财务困境。然而，高等教育机构的核心内容却依然相同——完成教学与研究，促进知识发展，让学生都能接受良好的教育。影片中的 Colonel Potter，在所需药物与设备紧缺、救护场所与伤员的情况都充满变数的情况下，仍竭尽所能来维持医疗队伍的工作能力。同样，我和那些任职于教育机构高层的同事，在政策与资金状况变化不断的情况下，也尽力保证教学质量。

本章内容探讨，在高等教育机构做领导意味着什么，阐明当前的“棘手难题”与可能的解决方法。Rittel 和 Webber 将社会政策问题描述为“棘手”问题(Rittel and Webber，1973，引自 Watson，2000a：5)，本章内容基于 David Watson 对该理论的运用，定义了在高等教育中普遍存在的棘手问题：“无论高校的发展战略是多么理性并易于理解，也阻止不了紧急情况与无法解决的问题的发生”(Watson 200a：5)。

本章内容采用自传体手法，结合我近来的经验所得，探讨何种构架、方法与个人性格最能阐明当今的棘手问题。我无意冒充本领域的专家学者，与大多数校长一样，我所学习的专业与目前的工作毫无关系，它只能让我了解到员工与学生在学术上所做出的努力。我所研究的有关领导力的知识，源于阅读，源于我与同事的探讨，源于在过去8年中，我在一所小型高校任领导的第一手工作经验。

我们所处的时代具有怎样的挑战性？

下面是表明2011年挑战程度的一项参数，起源于2010年8月，它反映了英国高等教育政策发生的主要变化。继2010年5月大选、保守党和自由民主党联盟所谓的“谴责”形成之后，现存的融资模式被取代，新模式反映了两个党派在某种程度上矛盾的政策立场。保守党认为，政府提出的中央“干涉”是错误的，强调要解放市场、放松规制。而自由民主党却认为，应注重社会融入。新模式将于2012年8月生效，生效后，国家对高等教育机构的直接融资将大幅减少。英格兰高等教育基金管理委员会将停止向高校的艺术、人文社科专业的本科教育直接注入国家基金，其他专业接受的基金也很可能被大幅削减。取而代之的是额度增加的贷款系统，以使学生能够借贷学历教育期间所需的费用(2012－2013学年，每年多至9,000英镑)。

为了平衡本科教育潜在的市场经济，国家采取了控制手段，特别是为了防止高校膨胀而对学生人数加以控制。此外，任何院校如欲收取6,000到9,000英镑的学费，都必须提交申请协议，并列明费用开支和招生活动的组织机构。国家奖学金项目向少数学生提供学费减免名额，由政府和高校对等资助。我们的实际情况是，学生总数约2,000人，一年级招收学生约600人，有17个政府奖励名额，每人可获得3,000英镑。对此情况，我们有两个选择：再给这17名学生对等资助每人3,000英镑(比如说，减免学费或住宿费)，或者另外资助 17 名学生每人 3,000 英镑。

除了要为这些重大改变做准备，英国高等教育机构还面临 2010－2011 年度预算削减、2011－2012 年度更多的预算削减，不仅在教学资金方面，还有之前分配用于研究的资金。百分之四的通货膨胀率导致开支增加，加上增值税的增长，很可能导致高教行业雇主与员工退休金的提高。再加上对公共部门退休金的重大审议，这意味着教职员工要多工作六年才能保证退休金没有实质减少。薪金报酬远低于通货膨胀、退休金方案每况愈下，这些都导致了雇佣关系紧张。

在当今这个时代，做一名英国高教领导所面临的挑战是前所未有的。多年前，我还是个经验不足的项目负责人，那时我和同事上了名为"处理困境"的一课。我们努力解决有关人事、招生、教员与院校政策之间矛盾所带来的一系列复杂问题，而这些对一个 20 世纪 90 年代英国高教行业的中层管理人员来说，是司空见惯的挑战。我们常面临困境，这些困境正是我们目前想解释清楚的。然而，很快我们就发现，问题远比预想的更难。在过去的一年中，英国高等教育的情况越来越具有挑战性。在向人们说明我们面临的是怎样复杂的情况时，我才开始明白给我们上这门课的人有着怎样的感觉，我们时常感觉境况无比艰难。"棘手难题"(Watson 2000a)似乎成为每天的议程，且情况越来越糟糕。

再议 Watson 的分类法

Watson(2000a)将棘手难题分为三个主要类别。他认为，第一个类别是影响"20 世纪末所有大型复杂企业"(2000a：2)的问题，包括停车、吸烟和安全问题，这些问题的"棘手性"在今天依然存在。比如说，我们仍在努力解决的问题包括，由于向学生或职工收取停车费而给当地居民带来的潜在影响。同时，我们试图找到解决环境问题、内燃机的过度使用和郊区糟糕公共交通的最佳办法。

Watson 第二个类别的问题，在更为广泛的公共部门也存在。他探讨了在高校中被视为新管理主义的相关问题。Watson 之所以引用此类例子，因为职场中此类别的"棘手"问题占据了大多数校长相当一部分时间。在下文的讨论中，我会结合这些问题与目前的紧张局势，探讨其对公共部门中更多雇员的影响。

Watson 定义的最后一类问题，在他看来是高等教育所特有的，这些问题源自工作环境中多是刚刚在社会上立足的年轻人。对他来说，这包括了我们所说的"城镇居民和大学师生"在噪音和生活习惯方面的不合。此外，高等教育的新模式也加重了学生的心理压力，因为对学生的考核标准已经不再仅仅是学习，工作也被列入其中。20 世纪末，学生所背负的资金压力有别于前几代人(那时发放助学金蔚然成风，费用由当地政府支付)。在英格兰，将学费支付推迟到毕业生工作后的政策尚未出台，但无疑目前学生所面临的经济压力与 20 世纪 90 年代有许多相同之处，与我们这代人所处的情况不太一样。

这些固有的复杂事物可以通过已有的解决方法来体现。比如说，学校时间表灵活、师生接触时间变少，造成学生听课仅达每周规定的最少课时，我们试图平衡这一情况与学校人数增多的压力，学生认为我们的解决方法无法完全体现学费的价值。本世纪初，我主持学校学术委员会的辩论，讨论是否应该全校统一本科阶段的师生接触时间，该如何处理每周多达 12 小时的教学时间。8 年后的今天，学生强烈要求增加教学时间，因为他们认为与导师的直接接触才是物有所值。

Watson 的分类在今天看来依然有效，他在世纪之交探究的很多问题都被证实确实很难处理。但我认为，我在下文列出的新一轮"更加棘手"问题已经出现。我所列出的清单并未穷尽所有问题，但反映了当前英国高等教育系统（该系统影响我校的日常生活）和广义上的高等教育之间存在的矛盾。既然我们将这些问题定义为不能解决的，那么本章内容并非只是提供简单的解决方法，而是试图在抽象的概念中重新定位这些问题。以我所处的环境为例，加以分析说明，再来看看领导和领导班子所必须需特质。

2011年及其之后的棘手问题

我的问题清单（截止到2011年）如下所示：

1. 当我们认为对高等教育有利的组织和规定，明显与政策不一致时所产生的矛盾。

2. 我们需要用更少的花费寻求进一步提高。

3. 在行业重组和裁员的大环境下，保持与员工的精神沟通。同时，在这个期望已超过现实可能、怨声载道的世界中，维护学生的自信与热情。

4. 在对三、五年长期计划寄予管理预期的同时，要在出现问题时迅速回应。

我认为，上述几项可以看做是与Watson分类的对应。我还尝试创建了第四个类别，特别针对那些随时面临外部变化的组织机构。虽然这里所举的例子是关于英格兰的现状，但其中的原则是放之四海而皆准的。同样，虽然例子都源于高等教育，但也适用于公共部门和其他复杂的组织机构。正如我用M＊A＊S＊H（《风流医生俏护士》）来做类比一样，我们可以用2011年英格兰高等教育的例子来探寻更广泛问题的答案，那就是，该如何做好领导？

我从更深层次的角度分析所列出的棘手问题，并在我们特定的环境中对其加以描述。我想强调的是，如果这些问题确实棘手，那么并没有直接的解决方法。目前我们所得到的并非每个例子所得出的观点，下文的结尾部分大多并不是作为最佳实践模式的结论，而是问题。高层领导的广泛策略在稍后陈述，用以界定我们眼中成功领导力所需的行为举止，并根据实际情况适时调整。

棘手问题 1：价值观、气节与外部世界

早些时候我说过，高校领导介于教职工与外界之间，正如影片中的 Colonel Potter 试图游走于军队规章体系的现实世界和外科医生之间。这些医生以救死扶伤为首要任务，与军队体系并无利益关系。当然，教学人员也有其他社会往来。但是，当外界的大趋势有悖于高校理念时，高校领导的中介角色就显得尤为重要了。

目前的形势正是所有高校校长们所要处理的情况：我们所依赖的英格兰高等教育基金委员会的政府资助，情况好的话将被大幅削减，情况差的话将被全部取消。此外，还要求校领导在新规下出台高校设定学费的程序。虽然领导层对这个新模式深恶痛绝，但为了保持财务的长久稳定，不得不对新规表示支持。

在我校，多数人认为高等教育即将发生的意识形态上的转变并非好事，高层领导班子和许多政府官员也有同感。我们深信，这些变化会严重限制政府对高等教育的干预。政府的干预可以确保高等教育惠及全社会，而不仅仅是某些个人。我说得如此直白，并非想让人们讨论这个决定是对是错，只是在高校纠结于放弃自己的气节和价值观来求生存，还是守住阵地面对持续的难题时，来说明领导力的问题。领导们该如何既考虑到内部人员的想法又兼顾外部业务的正常开展呢？

实际上，我们不得不转换视角，不要寄希望于所做的工作能够影响政策，而要先承认已经输了这场论战，但我们依然要留在高等教育的竞技场中。设定学费的策略要考虑大环境，在这个大环境下，与其他高校探讨这一问题被看做是对竞争立法的非法联合。同时，这个大环境存在市场信息的缺失，我们不知道下一代学生在面临持续的舆论压力时将做出何种反应。这些舆论大部分是歪曲的，不仅夸大了毕业生的压力，也虚构出学生父母身上的压力。典型的媒体评论是一篇载于2011年6月14日《独立报》的文章，该报的教育编辑是这样说的：

> 今日发表的研究表明，如果学费涨到每年9000英镑，中等收入家庭将不再送孩子去上大学。
>
> 对500多个中等收入家长的研究显示，大多数(51%)家长表示，已负担不起孩子的大学费用。
>
> (Garner 2011)

文章并未说明这只是无端的恐惧，实际上目前学习并不需要支付什么费用，也不需要家长的任何担保，且还贷尚在工资可控范围内。我们要做的是，尽快整合已有信息，听取学生意见，了解他们心目中高等教育令人期待的是什么，同时让官员相信我们所采取的行动合情合理。

即便解决了资金问题，矛盾依然存在。我们不应该认为新系统本身有问题，而要相信留在高等教育的竞技场是对的。我们暂时还无法确定，所做的决定是否正确。我们希望解决上述矛盾，因此我们将收费标准设定得低于市场最高额度。这样做的关键因素，不是收费标准将如何影响我校品牌，而是在我们看来多少钱才能保证始终如一的好服务。我们知晓其他学校的收费标准，那么我们是否要多考虑一下市场情况呢？如今，毕业生每月的还款额度取决于工资的高低，而不是欠款的多少。在这种环境下，我们能让学生相信价格并不决定质量吗？

棘手问题2：用更少的花销做得更好

目前，每个英国高等教育机构领导所面临的新任务是，用更少的收入实现持续性提高。部门资源长达十年的稳定不变或有所增长后，接下来是2012年拟启用的新系统与过去几年中更为直接的资金削减。个别高校或许由于需求减少、糟糕的毕业率而面临资金危机，但这仅限于某些特定学科或项目，并非涉及全校。

毫无疑问，这一挑战会使高校将学费设定至最高额度，如此一来，如果学校扩大招生并吸引足够多的学生来支付这个最高学费，同时控制免费生的名额，那么学校的收入将会有所增加。但是，这样操作存在的风险也显而易见：对于中产阶级即将崩溃的假设，经媒体炒作或成为现实。如此一来，虽然学费提高但学校的收入仍然会减少。学校之所以把学费设定为最高额度，是为了有更多人参与科研工作、提供更多的免费生名额。这样做会冒险让人觉得学校受到很多资助，而事实却并非如此。我们所有人都面临一个沟通上的问题，那就是如何帮学生明白，虽然学费的增长不可预测，但大部分增长只是取代了来自基金委员会的其他收入，并不是真正意义上新增的现钱。

无论出于何种原因导致预算减少，无论它是暂时的还是长期的，还是将被新的费用决策所改善，几乎所有的英国高等教育机构都不得不减少开支，特别是要紧缩税收。同时，还要保证发给学生的录取通知书让学生满意，对越来越难的全国学生普查做出正确反应，不断改善内部环境。

棘手问题3：当预期超出可能，我们仍要满怀斗志

近期我们意识到，高等教育机构与在校师生之间除了正式的教学关系外，还存在其他的精神交流，我们为此做了许多工作。英国高等教育存在特有的精神交流，虽然前面提到的正式教学关系状况并不理想，但这种精神交流能鼓励师生在校积极表现。

这种心照不宣的关系与行为难以描述，若以我校为例，它基本包括以下三个方面：高层员工与各级别同事之间的互动；全体职员所具备的慷慨精神，能够做到主动花时间帮助有困难的学生和同事；

互相尊重，给予他人所需的学术和专业支持。对于维持高等教育机构的平稳运转来说，这种精神交流意义重大。但是由于预算削减，导致可能引发裁员和学生机会减少、学生所背负的教育开支负担越来越重，这种交流处于越来越大的威胁之下。员工受到不安因素的困扰，精神交流就不那么稳定了，高等教育机构该如何保持士气去面对险境呢？尤其是在裁员时，作为雇主的我们如何才能保证公正呢？

凡是看英国报纸、特别是看《泰晤士报高等教育副刊》的人就会知道，几乎所有大学都已经历或正在经历裁员重组，我们学校也不例外。我们没有采用自愿裁员项目，而是彻底考虑学校结构和其与新时代的契合性。在裁员过程中，我们努力保证把学生的感受放在首位，在中高层领导中艰难抉择。重组过程历时 18 个月，高层领导构架和人事关系全部变化(唯独我的校长职位没变)，接着是新时期下的内部调整和全校范围内的协商会及强制裁员。在第二轮裁员中，整体调整的职位并不多，将近 20 个新职位取代了 30 个被取消的职位，真正离职的员工仅是个位数。但是对于学校来说，十几年来人员不断壮大的同时，也形成了自己的领导构架。裁员对既定的秩序是个破坏，会极大影响精神交流。

与此同时，重组后学校与学生(及家长和家庭)的精神交流也岌岌可危，但这种交流对学校的生存至关重要。学生成为本科教育的主要投资人后，对我们寄予更多期望，不仅在教学方面，还有专业指导服务，包括住宿、餐饮和娱乐。如果我们无法使学生明白，新规并未大幅增加学校收入，那么很可能造成相当一部分学生的预期高于实际情况。当前，学生所支付的学费约占其教育开支的 40%，学生的不满情绪日益高涨。对学校内部投诉程序无法解决的问题，学生会求助于独立仲裁员办公室(OIA)，该办公室每年报告新增的待处理案件情况[2010 年投诉案件 1341 起，比 2009 年增加 33%

(Office of the Independent Adjudicator for Higher Education 2011)]。虽然53%的投诉案件经查并不属实，但每一起投诉都有可能威胁到精神交流、有损学校名誉。我们发现，提早着手申请准备的学生问题很多(申请不成功时，他们的不满就更多)，而且会直接找校长来解决问题。

在高等教育机构中，即便是小型学校也有师生的不满情绪。大多数不满情绪和投诉案件源于互相排斥的想法，这使得问题很难被解决。举个很小的例子，时至今日，我们学校的员工都可以在教员休息室享用到免费的茶水和咖啡。大家并不认为这是一项福利，而把它看做是权力。目前的大环境是，学校的资金直接来源于学生。在他们看来，收入可观的教员能够享用免费的茶水和咖啡，而学生却要为自己的茶点买单很不合理。无论如何解决这个问题，它都体现了 Watson 的一个观点："棘手问题的特性是，一个好处总要强于另一个"(Watson 2000a：19)。如果这么小的例子就能影响员工的士气和学生的满意度，那么在期望值越来越高而收入却越来越少的情况下，高校的领导班子该怎样做才能维持足够多的"幸福感"呢(Watson 2009：135)?

棘手问题 4：战略计划还是偶然事件?

英国高等教育机构有制订战略计划的惯例，每 3 到 5 年修订一次，作为学校下一时期的发展指南(全析详见 Watson 2000b 高等教育战略计划与管理)。学校需要将战略计划提交给高等教育基金委员会，并提供计划的年度报表，说明已经达到的目标。通常情况下，核心战略会衍生出许多院系内部计划。以前，大家会集思广益把战略计划细致列明，制作成册后提交。我们深信，无论是否有明确的模式来指导发展方向，计划本身就是个根本要求和必要条件。

在过去的 18 个月中，这种方法带来了严重的问题。有的学校在上届政府执政末期制订了长期战略计划，显然这些计划将不再适用。

但是，仅制订未来一年计划的方法同样有问题。这样做无法确保学校的发展方向清晰且有持续性，而且制订计划需要承担巨大的负担，完全没必要每年都制订一次。此外，过去十年的经验告诉我们，即便时政与某个三年计划并不冲突，实际情况也不会和预期完全一样。要知道，偶然事件也应在考虑范围之内。换言之，意外事件发生时，也会有机会产生。因此，学校的领导班子所面临的一项任务是，制订计划的同时也给机会(和突发的困难)留有余地。风险管理的传统方法是对风险仔细分析，只有在风险大体可控的情况下，缓和策略和科学的计分系统才能发挥作用。一旦风险大体源于不可控因素，我们就需要寻求新的方法来解决了。

着眼于学校的未来和远景规划，我校 2007－2010 年计划的结尾部分制订了未来十年的发展目标。在对计划的修订过程中，我们很快意识到，2006 年草拟的目标在 2009 年就不合时宜了。着手拟定 2009－2010 学年的新计划时，我们发现之前制订的计划已经没什么作用了。同样，由于主要员工不愿每学期都花时间向审计委员会更新报表，我们整理的风险分析表作用也十分有限。但是，因为存在变数就不制订任何计划的做法会导致更高的风险，还不如有个并不完美的计划。我们的决定是，制订一个精简的高水平计划。不出纸质版本，而是建立“持续更新”的在线版本。同时，拟定一个同样精简的风险报表，关注主要(大部分是可控的外部)风险，并进行必要的情报收集，尽可能减少这些风险。但结果是，人们拟定的计划无比冗长。鉴于实际情况，学校不仅需要考虑周全、有延续性的发展战略，同时也需要给新机会留有足够余地，我们该如何平衡二者呢？在保持积极的处事方法以指明学校发展方向的同时，我们该如何在情况变化时做好准备通过新途径达到目标呢？

领导该做什么，该如何去做？

行文至此，我一直在阐述英国高等教育领导所面临的难题。如我所说，虽然我校的情况无法作为解决这些问题的模板，但我们仍需探讨，在高等教育行业内外，是什么造就了优秀的领导力？

市场上有许多关于领导力和高等教育领导方法的书籍，探讨优秀领导应具备的素质。当然，随着时代的变迁，这些素质要求也会发生变化。Bryman (2007)对成功的领导经验做了全面回顾，后来被大家广为引用。他列出了领导应具备的品质：引导方向、组建机构框架，营造和谐的工作氛围，引导大家参与决策，与大家沟通发展事宜(Bryman 2007：169)。Collins 团队在本领域的研究也毫不逊色，最著名的作品当属《从优秀到卓越》。该书分析了一些公司所具备的特点，使得它们的表现从优秀到卓越。Collins 团队的另一部力作《大公司为何衰败》(Collins 2009)，阐述了一些大公司面对压力时，如何走向败落。

本章所指出的问题都十分棘手，没有正确答案。身为领导，我们要有所行动，不能坐视不管，看着这些问题被归为“太难”的卷宗。通过引用 Collins 的研究结论，结合我校领导班子的实例，我向大家提供三种可能的解决方法，以达到 Watson 在提到棘手问题(Watson 2000a：17)时所说的“深思熟虑的实用主义者”的方法。

知人善任

我从 Collins 那里学来的最重要的一点是，选合适的人做适合的事，Collins 把这比喻为在公车上合理安排座位。虽然 Collins 指出，过分依靠重组可能会造成“强制性重组”(Collins 2009：81)，但我仍坚信知人善任的概念十分重要。我们确实需要思考这辆公车会驶向何处，它将如何抵达终点。但是，Collins 的研究表明，那些跃居为知名企业的公司，正是在把有关人的问题理清后知人善任的：

> 人们所说的，基本上是“瞧，我并不知道该把这辆车开到哪儿去。但我十分清楚：如果坐在车上的都是合适人选，大家都

各司其职，没有其他闲杂人等，那么，我们总会把车开到一个不错的地方去。”(Collins 2001：41)

如 Collins 所说，这种方法有悖于我们的直觉，所以多年来我们一直很排斥它。毕竟，如果我们都不知道前进的方向，又怎么会知道哪些是合适的座位呢？如今，在对这些座位重新定义、并安排了称职的合适人选后，我们感觉好多了。这样，在面对外部环境所带来的变数时，我们就能较好地处理，适时调整路线了。

沟通，沟通，再沟通

从 Collins 那里学来的另一点是，面对不同的情况，要对自己和他人保持完全坦诚的态度。如 Collins 所说，“直面残酷的现实”(2001：65)。这不仅仅意味着要把别人想知道的事情告诉他们，更多的是去倾听和参与讨论，这样才能营造出“实话实说的氛围”(2001：73)。多提问才能更理解，需要“对话和辩论而不是威压”(2001：75)。在实践中，这对我们上述的棘手问题有什么作用呢？

下面，以我校对学费的设定为例来解释上述方法。首先，我们把自己的想法明明白白地告诉员工、学生、政府官员和下议院议员，让他们清楚我们的态度。

我们深知，应该让尽可能多的人参与到有关学校发展的讨论中来。因此，我们设定费用的决定基于对学生所做的广泛咨询，了解他们眼中的公正是什么样子。通过听取学生的意见，来决定某项收费是应该维持不变、增加或是取消。通过与员工交谈，了解在他们看来，学生和家长会认为费用如何分配才合理。我们让人们审视当前的做法，看看哪些应该保持不变，哪些是在新形势下欠妥当的。我们相信，这种方法并不会阻碍我们的行动。相反，它会让行动植根于大家对困难的共同认知，随时接受复杂又“棘手”的变数的考验。

风险识别与管理

Collins 对倒闭企业的研究发现，导致失败的一个关键因素是否认风险。他建议，用以下三个简单的问题来识别风险：

- 如果事态发展良好，那么好处是什么？
- 如果事态发展不佳，那么消极面是什么？
- 你能承受这些消极面吗？真的吗？

在考虑如何设定费用时，这些问题引发了讨论。我们的财政模式与情况分析源于目前的成本和收益情况，且对所剩余的政府资金做了最坏的支配打算。通过控制这些假想，我们对不同模式进行测试，知晓在何时情况糟糕到极点。同时，我们也考察最好的情况是否与我们所想的一致，以此来为学生提供公平、可行的解决方法。这种模式仅仅是一种可能性，因为领导班子的成员有能力面对现实，而且能够问出直白的问题，有勇气承认可能发生的最差情况确实很糟糕。

面向未来

对于电视剧 M＊A＊S＊H(《风流医生俏护士》)里的医师来说，朝鲜战争的结束是解决问题的最终办法，让他们得以在和平年代过着与战时截然不同的生活。当前，对英国高等教育来说，并没有类似的解决方法，只存在没完没了的变数(截止 2011 年 6 月我完成此文时，政府又下发两份调查文件，让未来更加闪烁不定)。在未来，前面提到的棘手问题会一直伴随着我们，无疑还将有新问题出现。作为校领导，我们能做的，就是清楚地意识到以下两点：首先，必然存在无法解决的问题；其次，任何暂时性的解决方法，都比完美的永久性解决方法更可靠。

第五章　国际化与全球化：高等教育学习与教学的意义

Terfot A. Ngwana 和 Fengshu Liu

引言

在引言中，Kerry 指出了与一些大学学者提出的国际化与全球化概念相关的争议。本章探索了国际化与全球化所体现的价值，并提出如下观点：当国际性和全球化概念运用在高等教育大学和项目层面的学习与教学上时，对这两个概念理解上的广泛差异，值得批判性地重新思考。

国际化的比较教育正在面临的挑战一方面源于对国际性与全球化理论方面的稳健思考；另一方面则源于在高等教育机构(HELs)中的实践。这是因为，全球化和国际性两个理论体系的有关文献都认为，这种现象(理论与进程两方面)是多学科、较新颖、复杂和快速变化的。要掌握这两个术语的众多不同多维的含义及其对大学的意义并不容易。

总的来说，本章的重点是国际化与全球化之间的交叉点或类似点，而不是两种概念明显的可感知的区别。更具体地说，我们认为术语国际性(作为意识形态和信仰)及国际化(作为伴随的过程)的区别仅限于它们的语义差别。我们会在下文中使用相应的术语。

设定场景

本章节不包括与国际性及全球化相关的批判教学法或教育研究

的理论命题的全面介绍。相关的论文也见 Bourdieu (1984)，Bernstein (1977)，Apple (2006) 和 Young and Muler (2007) 的论述。

然而，我们将使用批评教育研究的两个主要立场展开本章节中的讨论。首先，我们利用 Apple (2006) 占主导地位的命题——在此为对国际性与全球化的独特阐释——来规范操作活动，例如在高等教育的课程方法中使用的某种特殊方式。其次，我们将使用 Young 和 Muler's (2007) 关于知识社会学的讨论。他们利用 Cassirer，Durkheim 和 Vygotsky 来探讨人类与低级动物的区别性标志，也就是人类创造、获得知识并使用知识来改变世界，而动物只能改变自身以适应世界。

这些假设使我们多了份职责，去考虑并关注国际性和全球化所体现的价值，以及它们与教学之间的联系。这就意味着获得及使用改变学习与教学的知识必须通过询问有挑战性、改革性及分析性的问题而不是事先指定正确的解决方法(Chau 和 Kerry 2008)。

本章节通过以下三个主要部分展开：

1. 第一部分对国际化及/或全球化提供历史性的概述。我们利用跨文化交流的观点探讨民族主义兴起及全球化的概念。此历史背景非常重要，由此，我们可以评估就当今大学实践而言“我们如何发展到今日”及这种实践是如何演变的。

2. 第二部分，在确定国际化同时作为一个理论和一个过程的最基本价值之前，简洁但深入地探究了将国际化与全球化当做理论与进程进行概念化与阐述的方法，并提出了相关从业者在自己的领域需要提问和回答的问题。

3. 第三部分，我们突出强调了如何利用所提出的关于国际性和全球化的理论观点，来反思学校、项目或课程级别的教学与学习。

高等教育国际性与全球化的历史视角

国际性与全球化，尤其是二者在高等教育中的应用已属老生常谈；它们是长期存在并且不断变化的现象。民族主义及/或国际性的概念，尤其在欧洲的高等教育领域，由于19世纪发生的变化，已经演变为目前我们所知道的形式。这个时期法国革命(1789)为强大的多文化及民族国家铺平了道路，并引起了独立战争后新民族国家的兴起。当代作家承认跨文化运动，尤其是观念和人的跨文化运动，在当代国家的历史年表之前就呈现了不同的进展、阶段及维度。多数与高等教育的国际性与全球化相关的历史性的描述，在中世纪(从五到十五世纪)有越来越密集的记述。

同时据论证，在随后的宗教改革与启蒙运动阶段，经历了相对高水平的跨文化交流及活动(Ngwana 2010)(对启蒙运动的进一步反思，请参见第二章)。对于这种发展有不同的解释。Pedersen (1997)将这种加洛林文艺复兴时期的流动精神归于人们对公元后1000年地球可能终结的恐惧。尽管这些运动显著，但仍有两个根本问题困扰高等教育方面的历史学家：第一个问题是可否把民族国家作为一个分析单位以便对流动的动机进行可靠的描述；第二个问题是此时期对高等教育的定义是否妥当。Scott (1998)、Neave 和 Van Vught (1994)观察到，高等教育学习或高等学术的本质源于当代民族国家之前。同时，De Wit (2002) 认为，除宗教动机外，学术朝圣(peregrinatio)早在12世纪之前的欧洲就很平常了。这为推断早期跨越国界运动提供了公正的前提，如 De Wit (2002)的详细叙述指的是文化国界而不是地理国界。所以我们可以合理地总结出随着观念的发展人们之间的界限是永不会封闭的。

历史分析的第二个视角与早期大学的认同有关。此领域的学者逐渐产生分歧；一部分学者认为高等教育源于东方文明，另一部分学者认为高等教育源于古埃及，还有一部分学者认为古希腊和中世纪的欧洲才是现代高等教育的摇篮(De Wit 2002；Pedersen 1997)。

但是，有两个因素阻碍了历史上对高等教育真正摇篮的共识。

一是在中世纪之前及中世纪期间，还没有大学教育这一概念，而且从历史的角度来说，什么样的学校可被称之为大学还不清楚。另一个是有关大学的历史记载很少；因此，我们需要谨慎对待有关大学的历史性记述(Pedersen 1997：1)。例如，有些英国高等教育的历史学家，如 Daniel (1996)假设 King Alfred the Great 早在 9 世纪前已经建立了牛津大学。如果这个假设为真，那就意味着牛津大学比巴黎大学(1160 与 1170 年之间建成)和博洛尼亚大学(1088)建成时间的时间还早。另一方面，在欧洲大陆上，有些学者相信巴黎大学是从罗马搬到巴黎的旧柏拉图学院的直接分支。Daniel (1996) 称牛津大学于公元 1167 年在英国学生由于不良行为被驱逐出博洛尼亚大学之后形成了其目前的大学形式。这些不同的解释给高等教育的国际性历史争论赋予了意识形态的色彩，可以帮助我们理解在历史中寻求立足之地的历程。

尽管在高等教育的国际性与全球化的历史道路上存在着这些分歧，本章中我们阐述的观点是，当代欧洲高等教育及其跨文化历程可以追溯到大约 12 和 13 世纪。这包括，但不仅限于，博洛尼亚大学、牛津大学和巴黎大学的发展。

一个更接近当代观点的说法是，在 19 世纪后半叶，尤其是在欧洲范围内，政治与文化民族主义的强烈意识突然兴起(De Wit 2002：7)。此时期，民族国家为意识形态、文化和政治特质提供了占主导地位的平台。就大学学习而言，这一趋势明显地表现为一些国家阻止学生留学，而 1700 年以后，本地(民族)语言逐渐取代了拉丁语作为通用语言。

Scott(1998)提出论证说明这些交流的重点大多已经从学术方面转移到文化组成方面。此处“文化”的意思与在中世纪时期描写的意思不同，按照 Robertson 等(2002)的解释，“文化”已被“领土化”，而且“领土化”的基础是民族国家而不是古罗马帝国的分支。此时期的大学变成了公共机构，可以为新兴的欧洲国家的意识形态和职业需求及他们定义的价值服务。这与 Apple(2006)在意识形态和教育结构、内容及实践之间关系的反思上产生了共鸣。在国际/全球权力的改变范围内得到国家认同并取得立足之地已成为创造转换知识的动力(Young 和 Muler 2007)。

从国际化到全球化

当代学者一直对描写全球化与国际化在 20 世纪逐渐发展的速度产生浓厚的兴趣。例如，Robinson 和 Lee(2007)发现在二战后期(1945 年以后)，由于受东西方意识形态差别的阻碍，跨文化交流基本处于停止不前的状态。然而，在 20 世纪 90 年代早期苏联共合国解体后，扩大国际视野的潮流在人类活动的各个方面重新兴起，包括高等教育。从那时开始，尽管地理与政治疆域仍占据重要地位，然而它们已不再分析问题的基本单位了。更确切地说，这种发展使高等教育的全球化理论的介绍变得必要。

总的来说，在许多国家，这种趋势已经由对高等教育不断增长的需求组成(Johnston 2002)。这要归于所谓的知识经济(Castells 1996；请参见第八章的讨论)。这种经济类型下，通过观察产生模式中的各种变化已经显著提高了知识的价值、知识的产生模式及其在经济增长中的价值，由此影响“教育产生的结果”，Carnoy(1995)对知识的角色进行了更加详细的解释(ibid.：3)。他引用了 1975 年左右的证据，证据显示在新兴工业国家(NICs)与发达国家中，与学校级别教育相关的投资相比，对高等教育重新投资的比率已经得到提高。

同样，Halsey 等(1997)认为最发达国家(MDCs)—尽管事实是人们将 19 世纪 70 年代与 80 年代的经济问题归咎于教育体系—传递政治精英的政治与经济意愿的能力仍旧是不可动摇的。他们还注意到一种“新的共识”的出现，借此政治派别中的左派和右派在高等教育促进经济繁荣方面所占的地位达成一致。这一地位要归因于创新中的高等教育，而且在当今有着更加特殊的意义，在经济萧条的情况下也很普遍，尤其在大多数西方工业国家。在全球范围内已经达成了这样的共识，即一位受到良好教育的劳动力对国家的经济与社会发展及复苏是不可或缺的。这一共识会持续地推动这种趋势的发展。

对于高等教育这种上升的潮流，全球的回应是高等教育的进一步跨过界的人才输入和不断变化的模式。Daniel (1996)称要想满足世界范围内对高等教育需求的程度，可能每周都要建成一所大学。

可以说，这一发展引入了两种竞争范式，尽管这两种范式是相互关联的：市场动态及之后由服务贸易协议(GATS)制定的高等教育服务的竞争；及通过国际化的协作和合作重点提高世界竞争力。

考虑到高等教育资源在世界范围内分布并不均匀，其他一些地区可以从相对的优势中受益并以此吸引学生。英语和新的信息及通讯技术(NICT)(参见第九章)将在发展相对优势方面发挥至关重要的作用。

有些教育学家并不认为这些可能性是起补充作用或没有问题的。例如，Brook 和 Buckley(1988：371)注意到销售教育的概念，更不要说在国外销售教育，对人们来说是很陌生的而且对许多老师及教育学家来说是具有冒犯性的。然而，他们主要参照的是教育服务中的贸易动态，而不是在国外提供教育服务。但是 John Daniel 的观点(毫无疑问受他在开放大学中的角色的影响)是相对超前的，当人们还主要以校园为基础来构思大学时，他就对高等教育的需求做出了预言。此外，国际动态，如服务贸易协议还没有得到充分认识。Daniel 后来从联合国教科文组织(UNESCO)的副主任成为开放学习共同体(COL)的最高层管理者。这也可以理解为一种应对他所预言的高等教育的挑战的举措。从开放学习共同体的工作重心与目标来看，可以推断他更强调通过影响全球化来解决挑战需求致力于协助与合作。在动态变化背景下的全球化成为增加世界竞争力切实可行的和可转变的平台。

小结

概括地说，历史及经济方面的记录表明，当我们进入新世纪第二个十年时，当代高等教育的供求正越来越超越国家的范畴。这意味着两个主要历史因素可能会有助于描述当代的高等教育国际化：

1. 知识的普及化：因此全球化以关系网或协作的形式提供机遇。

2. 天赋优势优劣不等的大学机构和地区的持续存在。

对这些因素的全面分析不在本章讨论范围内。然而，历史争论表明跨文化或跨国界的运动，尤其是思想与人的跨文化或跨国界的运动，已进入到正以前所未有的步伐前进的阶段，并伴随着协助或合作，或协助与合作的潜力及机遇。对国家和大学的国际化及全球化潜在价值的重要反思，是决定协作和/或竞争(贸易)之间是达到平衡还是失衡的核心所在。

国际性与全球化的概念化与理论化

Scott(1998)指出下面两个概念之间的区别：国际性指的是民族国家是分析过程与结果的整体。与此相对，全球化，尤其是从超级全球化主义者的角度，指的是民族国家概念的消失以及将重心放在交流的流动性(Castells 1996)，从而忽略了国界。

这表明国际性与全球化的定义不同或甚至被当做两个根本对立的概念。然而，从实践的角度看，国际性与全球化之间还是有交叉点的，尤其是它们的潜在价值，Scott 也觉得这个事实很重要。

另外一个相关的术语是区域化(Scott 1998)，这也对理解资本主义经济的发展至关重要。区域化是国际化的扩展形式，由此民族国家的角色在超国家(例如，欧盟)的支持下得到认同。Callan(2002)说这三种概念之间的平衡在政治术语中很重要。在本章中构想这些术语时，我们意识到尽管三者之间存在本质的差别，然而它们对高等教育机构和体系中各种职能的影响却没有这么大区别。本章中潜在的假定是高等教育国际性的前提是全球化和区域化的价值。

至于全球化与国际性之间的交叠部分，对怀疑者和极端全球主义者来说，由 Held 等(1999)概括的基本的论据是以竞争和发展的概念为中心的。这些概念支撑推动制度化与微观进程的价值。竞争以主要驱动力形式出现，来讨论在全球化背景下国家民族与组织机构的相对地位。Castell(1996)，Lee 和 Peterson(2000)及 Boudreau 等(1998)发展了在新信息和信息技术之间发挥杠杆作用的观念。这种观念能从微观和宏观层面(也就是国家层面)调解生产力。由这一派作者描写的竞争感是由新古典经济学理论来支撑的。新古典经济学理论承认私人企业、自由贸易企业及有开拓国际市场能力的私人企业是推动国家及大学机构的动力。

从国际层面来说，从 2005 年起，这就已成为年度报告的主题(全球竞争力报告——GCR)。在报告中，根据在所谓的 12 大支柱分类中的特殊指标，在排行榜上对民族国家进行评级。值得注意的是国际竞争力的 12 大支柱之一是“高等教育与培训”，其能力仅能由工商业界判定 (Schwab et al. 2010)，重点突出了市场的角色及其在推动高等教育政策的内在的新自由主义价值。因此这些潜在的哲学地位带动政治/政策立场，而这种立场决定了在特定背景下高等教育的本质。

其他作者，例如 Lall(2001)，质疑我们为之竞争的事物的本质以及发展的关键。他们的观点是，如果一定要有支撑宏观政策(民族和地区的)和微观政策(组织及本地的)的范畴，那么这些范畴除考虑市场外，一定要考虑人的因素。正是这个论述为人类状况的评估提供了合理理由，正如由联合国开发计划署(UNDP)在使用人类发展指数(HDR)来编制人类发展指数报告(HDR)。在发展其指标而不是能效、供应商选择及个体自主方面，HDR使用授权、平等性和可持续性等概念和维度来发展它的指数，而不是使用在全球竞争力指数占主导地位的概念，如效率、消费者选择和个人自主性(UNDP 2010)。HDR甚至高调突出他们的研究结果：经济增长与提升人类福祉(如健康及多数国家的教育)的主要因素之间的关系实际上没有以前想象的那么紧密(UNDP 2010：66)。

在多边机构体中，如世界银行和经济合作与发展组织(OECD)，Halliday(1999)强调了主要由人类来衡量的市场语言的持续发展，如教育。发展经济学家Stiglitz(2006)和Sen(1999)都是诺贝尔经济学奖得主，给出评论说全球化概念的本质是其本身就是人类发展的坚实基础。但是他们又补充道，全球化的概念化和管理与人类发展的一些基本因素存在矛盾。Stieglitz(2006：166)引用国际贸易中反竞争的例子来证明霸权主义的历史动态，而霸权主义在一些占统治地位的民族国家中的存在是根深蒂固的。

UNESCO(2003)意见书清晰地概括了改变高等教育国际化范畴的一个主要方面是国际性在服务贸易协议内的市场动态和其包含的内容。此观点解释了高等教育的国际化动态与全球化驱动的其他进程一样。Marginson和Rhoades(2002：282)的评论与上述结论一致：

> 当前，全球范围内的高等教育受到全球经济、文化与教育力量的影响，并且高等教育机构本身(及机构内的单位与选区)是越来越全球化的参与者，在世界范围内扩展他们的影响力。

Marginson与Rhoades(2002)主要关心的是，比较高等教育的多数研究中主要集中在民族宏观层面的新自由主义改革，但国际性与区域性机构在形成民族国家的政策方面的贡献却很少。

Halliday(1999)同样强调了概念化的宏观与微观层面之间缺失的关联。Halliday对高等教育的全球化做了两个互相关联的观察。第一个是与资助政策相关的融合观念。他指出中小学教育中的花费在世界银行和经济合作与发展组织国家以4%的比率融合，而高等教育的融合率仅为1.6%。这些统计表明相对于高等教育，世界银行和经济合作与发展组织成员国在中小学教育中有更加相似的支出模式。这也强调了就全球化的价值来说，连贯的及普遍的融合是有问题的：机构可以选择他们自己的战略方向，同时与全球化的主要价值不产生矛盾。

Halliday的第二个观点是全球化概念化的某种方式导致了高等教育政策变量从属于市场动态。他说由世界银行和世界银行和经济合作与发展组织等国际性机构兜售得知识经济的观念，要故意要对政府的教育政策产生影响。这些机构进行了一系列研究，证明了一个国家的经济和政策竞争力与教育水平相关。此关系假定高等教育是国家的全球竞争力的决定因素。Marginson和Rhoades(2002)的假设前提表明融合(作为进程与全球化相关联)在微观政策发展中没有潜在的价值(如竞争力)那么突出。他特别挑选了英国政府，通过使用辩论法总结之前新工党政府的政策，也就是"教育、教育、教育"，并没有影响高等教育使其聚集微观政策。

Halliday(1999)进一步阐述了Robbins报告(1963)和Dearing报告(1997)过多地集中在学费问题上，尽管这不是英国高等教育要面临的唯一问题。因此，近期的Browne评论(2010)超越学费层面审核了全球市场的含义。Browne评论表明英国高等教育机构已经意识到在国际学生招募的市场份额中来自澳大利亚、欧洲和北美的竞争。2010年报告重审了这一点，国际学生"估计会带来£3.3亿的经济收益和超过27,800份工作"(P.15)。因此Browne提出了市场份额的重要理念，并详述了国际性的这方面问题能如何提高英国在全球竞争排行榜中的位置。

国际性、全球化与微观层面的政策制定

如果国际化与全球化的潜在哲理在宏观层面驱动政策制定人，机构与他们的经理人在微观层面如何表现呢？机构与深层次的趋势是否一致？

相互冲突的理论与意识形态已在机构的政策、结构与支持体系上显露出来。这也意味着多疑者（传统主义者）、超级全球化主义者和变革派之间在学术界会出现可预测分裂（Held et al. 1999）。因此，在一项对 14 个国家的 20，000 学术人员的调查中，Welch（1997）发现有些大型的和最成熟的高等教育体系缺乏国际化，而且国际化与高等教育机构 的年龄或规模无关。他把这归咎于高等教育机构正面临他所指的教区制度和惯性。

这样的研究成果可能会成为怀疑主义在一些机构中活跃起来的标志。然而，经过近 15 年，我们还是不清楚除了作为杠杆和正当理由的全球化外，对跨国界教育还有没有其他的解释或理论。在对全球化含义的反思上，Sadlak（1998：107）注意到高等教育的从业者才刚刚开始以"允许我们（或他们）来应对多侧面的国际化现象"的方式来安排他们的国际化生活。

Sadlak 认为全球化可能会适用于高等教育的多种职能 ，包括学习、教育、领导力和管理。Mason（1998）确认了与高等教育的学习与教学具体相关的同一论据。Mason 主要研究教育技术。他依据一所真正的全球性大学的学习与教学，对策略与工作原理间的关系提出了关键性问题。Sadlak（1998）与 Mason（1998）二人的主要贡献在于他们尝试将变革方法用于重点强调全球性与国际化在学习与教学中如何用于从业人员研究的论述中。

未来是什么样？小结

这些概念将如何发展？我们引用 Kolb（1984）来证明国际性与全

球化理论的不断改变与复杂的本质需要不断的反思，而这些反思可能会帮助从业人员从抽象的概念化转移到实际行动经验。从业人员需要从策略和工作的角度，考虑学习与教学的含义。

本章中，我们选择采用由 Stiglitz(2006)与 Sen(1999)提议的转换模式，与使国际性与全球化概念化的进程模式不同。后者提供了融合、统一化与全球化的可计量的描述(Tsuruta 2003)。我们发现了隐藏在这些进程中机构政策的价值(McBurnie 2001；Faquhar 1990)。此重点成为这些进程中的质性内容，包括竞争与合作的价值。我们的观点与 Stiglitz 和 Sen 在强调“合作”与“协作而非竞争”作为本能的霸权目标的方面是一致的。Argyris 与 Schon(1992)在行为的两种理论方面的提议可能会因此成为将纯理论方法转移到实践与行动经验的工具。我们需要问下面的问题：

- 采用的理论：什么样的国际化和/或全球化机构的模式能够清晰地启发我们学习与教学的策略？
- 信奉的理论：在从本能的霸权推动的政策与实践到合作与协作方面的竞争这一复杂的连续体上，我们如何解释并传达我们在国际性与/全球化方面的观点？

我们提出的全球化的观点可能会因考虑到 Argyris 和 Schon(1974)最初提出的单环学习与双环学习的适用性得到进一步发展。此选择将会在保护竞争力的动态的一系列选择和与霸权日程相关的事实之间进行。

根据 Argyris 和 Schon(1974)的观点，前者可能会导致微观层面的单环学习，这意味着勉强接受对现存实践进行关键的重新审核。Argyris(1976)再次强调了他对 Cohen 和 March(1974)的评论，把他们坚持对单环学习描写为有组织的混乱。这个观点在下文中得到体现：

Cohen和March(1974：205)清楚地表明了："首先，我们不相信会发现什么新的智慧，能限制我们改变历史进程的能力。"然而，在后面几页(Cohen和March，1974：215)中，在"愚蠢的技术"这精彩的一章，他们对有关某个"坚定的信仰"提出疑问。坚定的信仰现已成为当代西方文明的一部分，这种信仰显露了目的的先存性、坚持的必要性和合理性的重要性。他们的问题似乎暗示历史的进程可以被更改，而且我们并不惊讶于这种不一致性出现在Cohen和March致力于将他们的框架应用于管理的那个章节。我们不相信任何重要的新的智慧会显著地改变我们能力的局限性并更改历史发展的道路(ibid.：363)。

Agyris(1976：369)在同一研究中提供了"双环"学习的定义，如下：

……在双环模式中，由于所倡导的典型的目的是赢，所以通常伴随着倡导的单向控制会被拒绝；由此，倡导通常会伴随着对反面意见的邀请，以便互相冲突或改变，以便在最全面有效的信息基础上建立立场，而且参与者也能从内心投入。

但是，Argris(1976)强调在领导力进程中制定双环学习的前提条件是通过个人让组织完全了解他们的目标、日程和目的。

就高等教育的全球化与国际性方面进行解释时，有人可能会问如下问题：

1. 新达尔文主义与霸权主义的竞争力如何推动高等教育机构实践，尤其在学习与教学方面？

2. 全球能力建设的热情如何推动高等教育机构的实践，尤其在学习与教学方面？

本章节的下一部分通过审查相关子问题可能会出现的范围作为反思性部分，简单地探究了在高等教育的学习与教学中我们对上述问题的回答。

高等教育学习与教学的含义

第四章中，Robinson概括了可能会在当前潮流中推动高等教育管理人员的一些因素。这不可避免地与本章讨论的主题一致。新自由主义语言中暗含的价值几乎已成为共识——如供应商选择、效率、个人自主、政府风险规避、私人企业/企业主义、自由贸易和其他相关的概念——都在宏观或国家层面当做组织原则。过去的20年已经见证了大量的在宏观国家层面上有关全球化趋势的理论化与比较性的国际研究（Scott 2000；Dos Santos 2000；Dale and Robertson 2003；De Wit 2002；Wilson 1994；Husen 1994；Blight 1999；Faquhar 1999）。推动高等教育政策的主要观点之一是要说服教育机构接受必须适应环境发展否则就落后于发展的理念。根据Marginson和Van der Wende（2007：34）的观点："每一所研究性大学都想要提高自己的声誉。所有人都把注意力放在如何提高能力和绩效上。"但是，Marginson和他的同事也间接地意识到之前由Naidoo(2005)写的有关对新达尔文主义竞争力不假思索的偏好而不顾合作与协作会产生的后果。从Robinson的章节及在第一章与第二章中有关高等教育伦理学的方法中，我们已经发现对价值观辩论的重要方面，以及它们如何推动政策。

对新自由主义有关高等教育的影响的讨论常常与教育、研究和学术之间的关系联系起来(Light et al. 2009；Barnet 2005)。Naidoo(2005)引用了Bourdieu在经济、社会和文化议程方面的作品，目的是为确认高等教育的学术与科学资本的商品化所产生的影响。她说由于它们与创收之间的关系相对亲近，从科学资本角度来说，学术资本的价值被低估了。简单地说，科学吸引收入。Naidoo的观察表明在商品化的背景下，学生与讲师的教授关系是由市场情况来定的，由此，讲师是服务的生产者或提供者，而学生是消费者或顾客。在这种关系中，责任的需求或职责的分担是明确的。她还进一步说明这扭曲了一种关系，用教育学的术语来说即一体化。其他作者，如Amory等(2004)赞同此观点，但也说出一个重要的差别：

> 高等教育机构经历了商品化的两个不同阶段，从智力活动到智慧资本的转换过程，及知识本身向可拥有和可在市场上买卖的具有商业利益的所有权产品转换。

商业化及其概念化，尤其是在学习和教育方面，与政府议程通过资助政策和机构招聘实践一致。工作角色为大学管理提供资金，如"学生经验部主任"——有在私营部门工作且有营销背景的个人——已经成为惯例。Naidoo(2005：31－2)特别的描述了如下的一些发展趋势：

- 有效性概念以最大化创收的方式介绍了规模经济。这也引出了学习资源的过度标准化。
- 计划结构的发展趋势有包装功能，目的是为使他们拥有市场价值(如上由Amory和她的同事所述)。
- 承认并奖励"标准化授课"的趋势，即在设计课程和教学资源时考虑到有可能由比较逊色且没有扎实的学科基础的教师进行授课。
- 接受向学生反馈的系统；此系统过多的"倾向"终结性评价。

我们认识到与全球化、国际性和高等教育相关的两个问题，第一个是任一学者都要面对的变革浪潮；第二个是对替代流行潮流的意识形态的批评。Robert (1998，http：//www.sociology.org/content/vol003.003 /roberts.html)在以下陈述中强调了这点：

> 在大学教育问题上，玩语言游戏人赞成市场自由主义的宏大叙事，以及那些反驳任何其他对大学的目的和特点持不同立

场的人之间的鸿沟是很大的。在不判定任一方错误的前提下，我们找不到可以判决此争论中涉及的两个派别的规则，但迄今为止，此争论已变得非常片面。政治家、官僚主义者和商业精英的诉讼活动已经确认了“差异”几乎未得到认可，而且有关“较小的恶”的问题也很少得到认真的考虑。

然而，Roberts 指出在反思以学生为中心的教育而非市场功能上可发现一线希望(参见本书的第十章)作为哲学起点。这种方式可以鼓励学生通过方案设计进行“提问—以便分析、评估、猜想并意识到可使用的选择。”因此，无论是学生还是他们的学习机构及拥护的政府都不是全球化潮流不可避免的盛衰的奴隶。

结论

本章的主要目的是通过高等教育中国际性/全球化的概念，尤其是他们对学习与教学的含义，来探究理论与实践之间的关联。对于从业研究人员来说，他们的挑战之一就是审查全球化/国际化并不仅仅是证明膝跳反映的陈词滥调。我们已经将此现象当做理论审查过。将此理论包括明确的价值而不包括使用可计量的证据与论据来证明对现象自然的适应的进程。

本章中还会进一步讨论三个相互关联的论据。首先，我们从历史视角观察到人们求知目的动向已经过主要阶段，由此分析部分已经变为地缘政治和意识形态背景的功能。我们讨论了 21 世纪的第二个十年见证了一个阶段，因此前所未有的潜能与机遇已向机构与系统之间的协作与合作，或一个新达尔文主义类型的竞争，或二者的结合敞开。

其次，我们引用了 Argyris 和 Schon 的一系列论著以提议一个方法，即通过提问鼓励高等教育从业人员在学习与教学中进行研究并得到发展，使用价值模式将高等教育中的国际性和/或全球化进行概念化。

最后，我们观察到学习与教学的不加批判的商品化形式带来的结果是对国际性与全球化进程粗劣的适应，而非经过认真考虑。我们提出两个选择以替代学习与教学的商品化，尤其是与学生相关方面：

1. 学生的角色是作为合作伙伴或知识的共建人，而非市场或客户的代理人。

2. 学生有机会质疑流行趋势，并能意识到还有其他可能的选择。

本章中我们广泛使用的方法也得到 Ngwana(2010)的强调。此方法依据的观点是：高等教育中从业人员或学术人员在通过从业人员研究(Campbell et al. 2004)来缓和及调解宏观政策力量中扮演着重要的角色。然而，在有关文献中仍明显地缺乏体现高等教育机构中国际性与全球化的意义在宏观层面上如何与从业人员研究相结合的论述。

在这一反思或研究过程中可能会尝试提出问题，如上文提到的问题及可能由 Mason(1998：16)提出的问题。

1. 对真正的全球性大学或全球性课程什么最重要？为什么？

2. 新自由主义价值观在多大程度上决定一个机构的生存？

3. 选择在课程或机构中开展合作或竞争有什么意义？

本章的主要目的不是回答这些问题，而是突出强调一些可用来发展从业人员研究计划的主题。

第六章　课程设计与评估：努力实现全球一体化

Kent Löfgren

引言

近年来，在欧洲国家广泛实施的高等教育改革，包括博洛尼亚进程及后续建立的欧洲高等教育区，已经对各国大学和学生产生了重要影响。由欧盟(2010)和欧洲大学联盟(2010)支持，通过吸引全世界的学生到欧洲接受高等教育，这些新的战略和协议可能会使欧洲高等教育成为最具竞争力的经济之一。本章就这些新的举措及其对课程大纲设计和评估的影响进行探索，特别是就系级管理和高校辅导员层面进行讨论；这两个层面是改革实施的最关键部分。因此，为了完全理解高等教育改革对欧洲及其他地区国家教育的影响，对这些基础层面工作的研究和讨论是非常重要的。本章以欧洲高等教育区成员国之一(瑞典)的举措和经验为例，进行探讨，并介绍了该领域内的最新报告和研究。

背景

博洛尼亚进程(1999－2010)是近几十年来欧洲高等教育界发生的最大改革。它促进了欧洲建立共同的学制、学分制、学位制和课程大纲的进程。博洛尼亚进程启动并确立于1999年至2010年，在此期间参与国签署了公约和宣言，并建立了欧洲高等教育区。欧洲高等教育区是指包括欧洲及欧洲之外共47个国家之间的高等教育合作。博洛尼亚进程对课程设计产生了重大影响。为了实施改革方案，本科教育系主任和高校辅导员做了很多工作。欧洲及其他很多国家的教育教学方式都受到了改革的影响，澳大利亚就是其中之一。澳大利亚教育科学和培训部认为博洛尼亚进程很可能会“影响到全世界很多国家的高等教育体系”，这一过程“对澳大利亚的高等教育具有重要意义”(澳大利亚教育科学和培训部 2006：1)。

学分互换体系是欧洲高等教育区中一个重要的部分。各国教育部长已经将学分互换体系作为各国高等教育一体化的支柱，要求参与国在整个课程项目和某一具体课程这两个层面的教学大纲中运用“学习结果(LO)”这一方法。“学习结果”是用来描述一名本科生或研究生在完成一个学习项目或某一课程后学到的东西或能够做到的事情。学分互换体系和学习结果描述的运用说明大学老师已经开始学习如何在教学项目和课程中使用“学习结果”这一概念了，特别是在那些以前并不用“学习结果”来描述教育目标的国家中。本章集中在系级管理和高校辅导员这两个层面进行讨论，探讨教师应如何学习使用“学习结果”这一概念来表述培养目标。文章中的案例均来源于瑞典，所举例的学校都是作者的母校。1999 年《博洛尼宣言》签署以来，瑞典就成为了欧洲高等教育区的成员国之一。

“学习结果”的起源，三级学位体系和欧洲学分转换制度

在博洛尼亚进程和欧洲高等教育区中最初介绍并探讨“学习结果”的是欧洲大学协会的两份报告和 2003 年的《柏林公报》。第一份欧洲大学协会(EUA)报告，“动态 2003”指出将博洛尼亚进程中的协议和规定演变成制度结构和程序是非常重要的。该报告还支持高等教育机构对例如“学习结果”这样的术语做出定义。第二份报告《格拉茨宣言》(欧洲大学协会 2003b：9)进一步指出讨论并形成整个欧洲

对“学习结果”的定义是非常重要的。《格拉茨宣言》在指出欧洲大学具有多样性并在赞成各大学之间进行合作的同时，认为高等教育机构应“鼓励对‘学习结果’和‘能力’做出定义”(2003b：9)。《柏林公报》指出教育部长“注意到了欧洲大学协会发出的讯息”(《柏林公报》2003：2)。部长们就此做出回应，他们会“改进学位和学习时间的识别系统”(《柏林公报》2003：3)，参与国则应精心设计出一个一致且相容的“资历框架”来描述运用“学习结果”概念的经验(《柏林公报》2003：4)。2005年，一个致力于制定资历框架的工作小组(博洛尼亚资历框架工作小组)撰写了一篇报告，进一步对“学习结果”进行探讨。该报告与《柏林公报》一起出版，建议应该使用由质量创新联合专家组制定的所谓“都柏林标准”，“学习结果”被定义为“描述学习者在一个学习周期结束时学到的知识和有能力做到的工作的陈述”(P37)，它应在整个欧洲高等教育区被应用。

《卑尔根宣言》进一步表明欧洲高等教育区资历总框架应该包含“三级层次(如果可能，应包括国家范围内的中级资格)”(《卑尔根宣言》2005：2)。三级学位体系最早于2003年开始使用，是欧洲高等教育区高等教育的模板。在这之前，博洛尼亚改革仅仅关注本科生和硕士生的教育。2003年柏林会议之后，教育部长们认为“不应仅仅关注本科生和硕士生的教育，博士生的教育也应加入其中，作为博洛尼亚进程中的第三级学位”(《柏林公报》2003：7)。这意味着“第一层级的学位(即学士)是第二层级的学位(即硕士)入口，第二层级的学位是博士学位的入口”(《柏林公报》2003：4)。在2005年的卑尔根会议上，教育部长表明为了能够成功实现博洛尼亚进程，“博士生教育资质应该与欧洲高等教育区整体资质框架完全符合，并使用以学习结果为导向的方法”

教育部长进一步强调“急需建立合理的博士生教育项目和透明的监管及评估体系”，同时“在大多数国家，获得博士学位的学习时间一般为三至四年的脱产学习”。

瑞典的高等教育

与大多数欧洲国家一样，瑞典的高等教育是国家政府和国会的责任。政府和国会制定相关法律、条例和指导方针，并将资源分配给国立和私立高等教育机构。目前，在瑞典具有授予硕士学位资质的大学和高等教育机构中，国立大学有17所，私立大学有3所。最大的5所国立大学包括Gothenburg大学、Lund大学、Stockholm大学、Umeå大学和Uppsala大学。尽管由国家制定基本规章制度，但是在战略计划、财政资源分配、教师和学生的招募以及日常教学和研究工作的完成等方面，大学具有极大的自治权。例如，在不违反法律的前提下，大学可以自主制定教学项目和课程的大纲。在一定程度上，大学还可以对一些概念做出自己的解释。例如，可以对“基础和高级等级”、“学习结果”、“高等教育发展”做出自己的解释，还能够根据自己的解释来设计学习项目和课程。

尽管瑞典在1999年就签署了《博洛尼亚宣言》，但是在很多年之后才开始大力推行博洛尼亚改革。2001年8月瑞典政府批准了《里斯本公约》(Council of Europe，1997)。但是，2001年至2004年期间，博洛尼亚进程在瑞典的发展速度仍然非常缓慢。2005年初，掌管瑞典高等教育的大臣Sigbrit Franke教授评论道：

> 在签署《博洛尼亚宣言》时，很多教育机构已经准备按照《宣言》上的内容改进教学大纲了。但是现在这项工作却停滞了。我认为，这其中的原因就是政府迟迟未做出决策。教育机构都在焦急地等待着政府议案为他们拨开云雾。(Frank 2005：2，作者译)

2005年6月，一项政府议案的颁布成为了博洛尼亚进程发展的动力(New World：New University，2004)。这一议案概述了政府的政策提案，目的是让瑞典所有高等教育机构都得知这一讯息，并引发讨论。尽管这一议案中并没有包含详细的指导方针，但却指明了在地方层面应立即做出的计划和实施的工作。这一议案在全瑞典引发了一场激烈的辩论。

在瑞典和另一个欧洲国家(葡萄牙)的一次关于毕业生就业率和学生满意度的调查中，Edbardsson Stiwne 和 Caio Alves 记录道"尽管瑞典在 1999 年就签署了《博洛尼亚宣言》，却直到 2007 才开始实行"(2102：33)。与改革相配套的最终法律措施于 2007 年颁布(《高等教育法，2007》)。这些法律举措确保瑞典所有本科和研究生教育都遵守《博洛尼亚宣言》以及与其他博洛尼亚成员国之间的关联协议。

2007 年，这些举措在瑞典实施并开创了一个新的学位制，其基础是博洛尼亚三级学位体系(即 3＋2＋3 年)，同时创建了一个与欧洲学分转换系统相符合的新的学分系统。这意味着所有的课程都开始使用"学习结果"。在博洛尼亚改革之前，"学习结果"从未被如此广泛地使用。因此，瑞典大学的工作成果可以为博洛尼亚改革实施后带来的挑战和矛盾提供范例，特别是在"学习结果"的运用上。

尽管在 2007 年瑞典开始实行的新学位结构与博洛尼亚进程的要求相符，但却仍然保留了反应瑞典高等教育历史文化和特征的民族因素。比如说，瑞典实行的一年制硕士制度在欧洲其他国家并不常见。这是因为在瑞典通常会为已经完成 3 年制本科学习的学生额外提供一年的学习课程。在芬兰也有资格授予制度，它是指被授予资格的人获得了专业资格认证以及从事或具有某一特定学术领域工作的专业证书。在瑞典，完成了一年的硕士学习后可以开始攻读博士学位。

相对来说，欧洲学分转换系统在瑞典是容易实行的。瑞典原来的国家高等教育学分体制规定，一周的全日制课程，包括授课和学生自学，可以获得1学分。一学年(即两个学期)可获得40学分。博洛尼亚改革和欧洲学分转换系统规定1学分应该相当于25—30小时的学习(包含授课和学生自学)。在新的学分系统中，一个学期等于30学分，一学年即为60学分。因此，用原来的学分乘以系数1.5即可获得与新的欧洲学分转换系统相符合的学分数。例如，一门在旧学分系统中可得到5学分的课程(比如Umeå大学计算机科学系的形式语言课程)，按照这一计算方法，乘以1.5之后，就转换成了一门7.5学分的课程。教师授课时间和学生自学时间都没有发生改变。瑞典大学重新编写了课程计划和课程大纲，并引入了“学习结果”。

团队、概念和标准的建立

2005年，Umeå大学校长委托一个博洛尼亚项目组做研究。这个小组的工作任务是在大学里从专业角度就实施博洛尼亚改革进行协调。他们帮助学校管理层起草校内规则和政策。比如说，2005年10月至2006年2月该小组研究制定了一份改革进度计划和一套针对核心概念的自主定义。

谈及对基础和高等阶段的定义，博洛尼亚改革规定应将所有课程划分成没有交集的两类课程：基础课程或高等课程。瑞典的大学具有很强的自主性，因此Umeå大学可以自主地规定哪些课程属于基础类，哪些又属于高等课程范畴。2006年，该大学对高级课程做出了定义：学习的目的、内容、指导和考试具有延伸教育特征，学生应具有极高的独立性，且课程内容复杂。另外，高级课程在某些主题或专业领域方面涉猎的深度和广度更高(The Vice-Chancellor’s Office 2006)。

2006年，Umeå大学校长制定了一套确定新硕士学位课程内容的标准。该标准规定，仅有那些具备以下条件的课程才可以作为硕士学位课程：

1. 学校必须具有该课程研究领域内的活跃研究和活跃项目。

2. 硕士学位论文的考官和课程导师必须是博士。

3. 科目内容与博士教育相关联。在一年的全日制学习后，学生应该能够进入博士学位课程阶段。

条件1证明了“博洛尼亚进程要求加强学习、研究与教学之间关系”(Geraldo et al. 2010：88)。Umeå 大学只研究了高等课程中研究与教学的关系。这或许是个很小的视角，但是学者建议，在博洛尼亚进程中研究与教学的关系对任何一个教育阶段来说都是非常重要的，这其中包括本科基础课程(Geraldo et al. 2010)。“学习－教学－研究这三者之间的关系”不仅对硕士和博士学位课程非常重要，对处于任何教育阶段的学校和学生来说都是非常重要的(2010：88)。新的《高等教育条例》于 2007 年 7 月开始实施。此后，Umeå 大学也开始实行一套与博洛尼亚进程相符合的全新规章制度。表格 6.1 中罗列了该事件的时间表。

表 6-1　2005 年至 2007 年，瑞典 Umeå 大学采取的关键性措施和日期

2005 年 6 月	瑞典政府发表名为《新世界－新大学》的议案(政府议案 2004/2005 第 162 号)。该议案概述了博洛尼进程下瑞典高等教育带来的转变。该议案在瑞典国内的大学和学生中广泛传阅以征求建议。
2005 年 10 月	Umeå 大学校长提出了一份实行博洛尼改革的进度计划表。这份具有战略性的文件分别于 2006 年 4 月和 9 月两次被修改。
2006 年 2 月	校长在学校内部发布了一份对“基础和高等教育”、“学习结果”和“高等教育发展”初步定义的备忘录。此外，为了方便大学各个学院改写课程项目和教学大纲，还制作了一个课程大纲模板。
2006 年 2 月	议案生效。瑞典国内很多学位的攻读时间都发生了变化(例如，攻读工程学硕士学位的时间由原来的 4 年半延长至 5 年)。课程大纲、课程分类(初级/高级)和学分系统也受到了影响。

续表

2006 年 2 月—4 月	Umeå 大学的所有院系： 1. 指派实行博洛尼亚进程的联系人。他们的任务是与全体教员一起在学校内部和外部传播信息。 2. 根据校长发布的模板，完成 2007 年及以后开始的所有课程的大纲初稿，其中要包含“学习结果”。在此阶段，所有 2007 年及之后开始的课程都被划分成初级或高级课程。 3. 学习时间与博洛尼亚三级学位系统相适应(3+2+3 年)。
2006 年 7 月	瑞典政府起草新的《高等教育大纲》草案。该草案于 2007 年 7 月 1 日生效(《高等教育大纲，2007》)。
2006 年 9 月	根据博洛尼亚三级学位制度(3+2+3 年)，Umeå 大学制定了新的教育资历系统(学位条例和学分制度)，并在全体教员和学生中传阅以征集意见和建议。
2006 年 10 月	在 Umeå 大学 1. 全体教员通过了 2007 年 7 月后的全部课程教学大纲的最终版本。该教学大纲中包含“学习结果”。 2. 全体教员通过了全部课程的最终分类(基础或高级课程)。 3. 关于 2007 年 7 月后的硕士课程，校长做出了一个正式的决议。 4. 校长决定启用新的教育资历系统，指定了该校的学位条例和规则(Umeå 大学，2006)。 5. 建成了一个适用于所有课程大纲的中央数据库。
2007 年 1 月	校长对新的教育资历系统做出微小改动。
2007 年 7 月	开始全面实施新版《高等教育条例》(《高等教育条例》，2007)。至此，瑞典开始正式施行博洛尼亚改革。

高校教师视角

至此，Umeå 大学的管理层已经针对这些决议进行了讨论，但是真正每天要使用这一新系统的是教师，如果他们不清楚这些改变，没有做好准备，那改革也是毫无意义的。现在让我们把关注点转向系级和教师层面，因为真正实践改革的是教师，而不是教育部长、公职人员和政策制定者。Geraldo 等(2010)提醒我们“最终人们还是要适应这些改变，最重要的是他们要对博洛尼亚进程的成功或失败负责"(2010：87－88)。

博洛尼改革开始前，瑞典高等教育并没有使用"学习结果"这一概念。大多数课程大纲都描述了课程内容，且通常这样开头"该课程以……为目的"，接下来会出现一个项目列表写明"讲解'X'概念"，"讲授'Y'的相关知识"或"鼓励学生深入了解'Z'的内容"。换句话说，课程大纲只是简单地告诉学生老师要讲授的内容，所以它是按照从上到下的视角撰写的。按照博洛尼亚改革的要求，这种模式必须有所改变。课程大纲应按照自下而上的视角撰写，这样才能够站在学生的立场上来描述他们应该知道的内容，并告诉他们在成功修完该课程后能够做什么。

因此，高校管理层的重要任务之一就是要指导辅导员、本科和硕士系主任了解每门课程的大纲的变化。他们必须要熟悉"学习结果"这一概念，并学会如何用文字来表述。

指导教育工作者：关于"学习结果"的教师研讨会

2005 年 10 月，Umeå 大学校长决定通过课程学习的方式让学校的老师进一步了解"学习结果"这一教学概念，并学会用此概念来表述教育目的。这一工作由学校教育与学习中心负责。2006 年春，Umeå 大学举办了一系列的研讨会，参加者均为大学骨干员工，以及本科教育系主任。每次研讨会的内容相同，且每名参与者只参加一次。参加者打乱系别分组，这样就可以跨学科讨论了。

此次研讨会具有双重目的。首先，参与者可以得到博洛尼亚改革过程中的最新信息。第二，研讨会结束后，参加者能够：

1. 在各自系别，向其他同事讲述"学习结果"这一概念的意义。

2. 为各自系的课程大纲撰写"学习结果"，并向同事和学生讲解"学习结果"的意义。

3. 为考试题目和论文设计评估标准，以衡量每一名参加该课程的学生的知识水平。在课程结束时，可以将此标准与“学习结果”相结合。

4. 以使学生可以达到“学习结果”中描述的知识水平为目的，设计如何组织课堂教学的案例。(Centre for Teaching and Learning 2006)

每次研讨会上，教育与学习中心的指导员会就“学习结果”的概念作介绍。内容包括按照知识水平排序，比如 Bloom 的分类法(Anderson et al. 2001)，还讨论了动词的使用(例如展示、描述、分析)。研讨会上还就国家和地方的规章制度进行了讨论。参加研讨会的人员 6 人一组，在指导员的介绍后，他们递交了准备好的课程大纲。研讨会开始前，每名参与者都需要找到两份课程大纲，即他们各自系别的初级和高级课程的大纲，带到研讨会上进行讨论。

每一个讨论小组针对课程大纲进行讨论并做出修改，修改后的大纲包含“学习结果”，并使之符合博洛尼进程的要求。这样做的目的并不是要在研讨会上完成一份完整的课程大纲，而是要讨论修改大纲的方法，并使调整后的内容符合改革的要求。

每次研讨会结束后，参加者都可以向组织者和指导员提交匿名的反馈意见。指导员共收到 170 份反馈意见。指导员们对这些数据进行评估后(Erhardsson 2007)，向教学和学习中心的教育顾问和大学管理层提供了有价值的反馈意见。下面就是对反馈数据进行评估的结果。

这份评估报告(Erhardsson 2007)指出，研讨会的参加者肯定了组织者要求他们准备两份课程大纲在会上进行讨论的做法。在阅读和分析这些旧的课程大纲时，他们逐渐意识到大纲中的内容和实际课堂上讲授的内容是有所出入的。课堂上教师讲授了许多很好的内容，但教学大纲中却并没有涵盖。他们还发现，博洛尼亚改革让他们有机会重新审视撰写教学大纲的方法，以及各系教学和评估的做法。同时，研讨会上讲授的按照知识难易程度排序的方法和动词词汇的使用对他们很有帮助。参加者说，运用这些方法可以更加容易地分析课堂上要讲授的知识难易水平，并有助于他们撰写新的教学大纲。研讨会参加者提出的主要问题有：

1. 很难确立标准(如何撰写清晰的“学习结果”，又不过分赘述)。

2. 使用旧版教学大纲中的文章来撰写新大纲时，很难决定哪些内容可以再次使用，哪些部分需要全部重写。

3. 谈到整体学习课程中的某一门具体课程时，要想使具体课程的大纲毫不逊色于整体课程大纲，这对参与者来说是极具挑战的。

4. 定义一个术语时，参加者认为很难就某个动词或短语的定义达成统一意见。例如，“问题化”和成为“文学研讨会上的积极参与者”这两个动词和短语到底是什么意思？在学生表现的评估中，又该如何使用它们？(Erhardsson 2007)

下面是其他专业学者就如何撰写包含“学习结果”的课程大纲提出的建议和意见：

1. 充裕的时间。好的课程大纲不是一蹴而就的。

2. 如果可能，在撰写某一具体课程的大纲之前，首先要阅读整个课程的教学大纲，以了解全局。

3. 如果可能，思考现在的考试模式。问问自己，这些考试中衡量了哪些“学习结果”？还没有其他衡量方法？这些“学习结果”是不是我想要在教学大纲中使用的？如果不是，我应该如何来撰写“学习结果”？

4. 向其他系学习，获得关于教学、测验和课程大纲设计的灵感。

5. 简明扼要。撰写复杂的“学习结果”并不是最好的方法。

6. 契合实际。“学习结果”应该能够评估学生通过学习是否达到了教学目的。如果“学习结果”撰写的过于抽象，则无法达到这个目的。

7. 将课程大纲看做是一个动态文档。应该定期评估课程大纲，有时还需要重写，特别是一份新的大纲。（Erhardsson 2007）

经验教训

就改革的实施情况来看，Umeå 大学在 2005 至 2007 年(表 6.1)取得了很多成就，很难说其中哪一项是最出色的。同时我们也获得了很重要的经验和教训：

1. 一定要尽可能地保留民族和大学的独特元素。这样各学校的高等教育才能保有独特的风格和特征。同时，也利于在国际上宣传学校和课程。

2. 通过学生会让学生参与其中，聆听他们的评价和建议。起草的草案一定既要在全体教员中传阅，也要让学生们阅读并提出意见。

3. 成立一个由各系教员和学生组成的项目小组，让该小组协助大学管理层起草草案和范本。

4. 充分利用当下。利用博洛尼亚改革这一时机，做一些额外的可以提高工作质量的事情。博洛尼亚改革进程使行政管理工作程序的更改和课程再设计成为了可能。

5. 在每一个系中指派一名博洛尼亚进程实施过程中的联络员。他们负责在系内传播信息并协助其他同事工作，同时对外代表该系。

6. 让教师参与其中。课程大纲和学分制度是否改变并不重要，改革最终还是要由人来实现。在博洛尼亚改革研讨会上，鼓励来自不同系别的教员和专家组成小组，这样讨论才可以跨越科目的界限。

向前迈进

Umeå 大学完成上述作为后，博洛尼亚进程继续发展。2009 年 4 月，博洛尼亚进程当时的 46 个参与国的教育部长相聚在比利时的勒芬和鲁汶，商讨博洛尼亚进程未来十年的优先发展计划(European Commission 2009)。各国教育部长认为继续建立“基于学习结果”的“国家资质框架”是非常重要的(2009：2)。在《公报》中，教育部长们强调了以学生为中心的教育的重要性，以及“正在以发展学习结果为导向的课程改革的必要性”(2009：3)。他们要求学科带头人“继续在更多的学科领域中发展学习结果和国家参考基准”(2009：4)。这些学习结果应该在所有类型的职业教育中得以运用，这包括获得资质的非全日制学习(终身学习)。终身学习也应该以国家资质框架为基本，并包含“以学习结果为基础的对先前的学习进行认定的基本原则和程序”(2009：3)。

欧洲学分转换系统是欧洲高等教育区的支柱，“学习结果”这一概念及其运用是欧洲学分系统不可或缺的一部分。因此，所有欧洲高等教育区成员或希望成为其中一分子的国家，它们的高等教育机构都应该在课程和学习项目中使用“学习结果”(EHEA/Eurydice 2010)。“学习成果”还是欧洲高等教育区教学质量控制中非常重要的一部分。国家资质框架中应该包含“使用以学习成果为基础的通用描述符”(EACEA/Eurydice 2010：23)。这意味着国家资质框架不应该仍然“以输入型为导向”(即讲授的内容)，而是应该“以输出型为导向”(即学生应该了解的知识及有能力做到的事情)。

欧洲的大学是相对成熟的，具有许多从未改变过的教学、学习和研究习惯。瑞典的大学也不例外——瑞典的第一所大学是1477年在Uppsala建立的。因此，对于具有如此悠久历史的大学来说，做出如此巨大的改变是非常困难的，不可能是一蹴而就的。Umeå大学和瑞典其他大学实施的改革并不是博洛尼亚改革的结束，甚至不是改革的开始——它们或许只是建立统一的欧洲高等教育领域过程中开始阶段的结束。大学教师在学校内和国际间的交流与合作的能力决定着改革是否能够成功。因此，为了应对欧洲知识经济，争取实现一体化，大学教师和学生应该始终坚持学习，以理解和从事博洛尼亚进程及应对其所产生的连锁反应。希望本章内容能够帮助全世界各个国家和教育界的读者，使他们能够成功面对当前和未来的课程设计及改革评估。

第七章　培养学生的国际体验：Evansville/Harlaxton 模式

Gordon Kingsley

引言

第五章里 Ngwana 和 Liu 深度探讨了高等教育中的全球化和国际化两种孪生趋势，意在为具体实践提供理论性的重要框架。在第六章中 Löfgren 延续了这一主题，审视了博洛尼亚进程对他所在的瑞典大学的课程的影响以及对欧洲总体的影响。本文的目的是概述如何让高校学生的国际体验更加鲜活，并根据美国与英国的合作，考察了一项具体的国际体验的发展历史。

背景

本章首先并非学术文章，而是讲述故事，讲述个人的一系列经历。它类似一个立在个体和学校的十字路口的路标，指出教育的道路，通过一次改变一个人，让生命变美好，从而让世界更美好。我知道这是个宏大的断言，但请听这个故事。

本文没有教育学术语，看起来可能不够严肃。它所探讨的是个人而非政策，是学生而非活动，是经验而非数据，是生活而非官僚机构。本文所讲述的在教育政策这一大世界里不切实际，却在个人和家庭的小世界里(也许更重要?)相当有效。

勇敢的编辑把这篇小文与其他博学的章节放在一起。亲爱的读者，它也许可以成为你的一座小岛或者一种消遣，促使你相信教育，相信那些一开始便将许多人带入教师行业的东西——热爱学习、热爱教学、关心学生、甚至有所专长——都依然存在着。

就说到这里，现在开始讲故事。

Harlaxton 庄园

在 Belvoir 河谷的边缘，有座迷人而历史悠久的庄园，你会在村里看到惊人的建筑幻影，它看似漂浮在大地与天空之间，实际却牢牢扎根于林肯郡，这就是 Harlaxton 庄园。这座修筑在金色石头上的巨型建筑，其外观带给人伊丽莎白和詹姆斯一世时代的记忆，奢华的室内又唤起狂野的巴洛克式幻想。它实际上是维多利亚时代的乡村住宅，由 Gregory 始建于 19 世纪 30 年代初。Gregory 一生便贡献于此，直到 1855 年去世。之后这座有 150 个房间的大宅由 Anthony Salvin 和 William Byrne 先后承建，而 Gregory 本人主要的贡献在于设计和施工。这个单身汉为什么需要 150 个房间？现有为数不多的记录不能说明什么，但也许这些石头自己可以解释：在屋前巨大的石头字母中，有拉丁语："Gregory 完美地建成此屋"。

他不会想到自己和这座"完美的"庄园会怎样惠及后世。

房子几经波折，在一个世纪里传给了该家族的成员和公认的成员，然后在 1937 年被卖给了反对死刑的 Violet Van der Elst，并被命名为"Grantham 城堡"。1948 年它又被转手卖给了耶稣会，然后将房间和客厅开辟出一个区域，作为新牧师培训中心和老牧师退休后的家园。1965 年，耶稣会把 Harlaxton 庄园租给美国加州的斯坦福大学，称为"斯坦福大学英国分校"，它便因此成为美国各院校海外留学的先驱者。当斯坦福大学英国分校搬到 Cliveden(后来又到牛津)后，位于美国印第安纳州的 Evansville 大学通过一系列租赁和销售交易，接管了庄园和 117 英亩土地，刚开始叫做"Harlaxton 研究中心"，后来称为"Evansville 大学英国分校 Harlaxton 学院"。1986

年它的出售价格为18万美元。这座房子曾有三次因住户无力维持面临被拆除的威胁，因此卖房子对买者和国家而言都是个大便宜。Harlaxton庄园由此被保存下来，发挥着它的作用。

作为美国学院的Harlaxton庄园

在斯坦福大学的管理和Evansville的早期运营下，Harlaxton成为美国大学结构移植到英国土壤的典型例子。这种结构的最根本轮廓至今仍然保留着，即Harlaxton仍是美国的学院。

学生们来自美国各地。尽管私人和政府通过捐赠和贷款对学校给予资金支持已是惯例，但学生的开销(在发达国家留学非常昂贵)仍由自己和家长承担。每个学生学习多个领域的课程(或模块)，而不局限于单一领域，每门课都有学时或学分要求。每个学生在Harlaxton获得的学分都是四年积累过程的一部分，都在追求不同的课程模式；当累积的学分达到指定数量和要求后，学生就能获得学士学位。因此学生在Harlaxton的学习便成为学位项目的一部分，而不是"间隔年"，教授则来自美英两国。

起初美国学生利用周末、学期或学年进行广泛的旅行，要么是大学赞助，要么是自费。早期的徒步旅行限于英国，后来随着运输形式的多样化和便利化(已达40年之久)，旅行拓展到了欧洲大陆、北非和中东。

上世纪70和80年代，Harlaxton的生源跨过海域，不仅有美国外交官的孩子和军人，而且还有来自欧洲、尤其是东地中海国家和海湾国家的学生。这些学生通常在Harlaxton待一两年，然后"转"到Evansville大学或另一个美国校区完成学业(这个时候大学比较少，当然更加传统，活动也有严格的界限，对远方的校区或"远程学习"基本没有依赖。)随着世界的变化，Harlaxton的生源和课程也跟着改变，因此到1990年时，学院又一次只服务于美国学生，重点在全力提高其学术能力。此时，经历了 20 多年的评估和改进，“Evansville/ Harlaxton 模式”这种国际体验开始形成现在的格局。

Evansville/ Harlaxton 学习模式

Evansville/ Harlaxton 模式的大多数元素基本上在所有海外学习项目里都很常见：有教师和学生、教学和学习、教室和旅行以及体验新国家和文化。Harlaxton 的独特之处，在于汇总了这些元素，经过精心计划，有意地将其融合产生了整体的效果。

这主要归于大环境的功劳。所有学生和教职工都住在 Harlaxton 庄园里。学校并不大，规模为每学期 125 到 175 名学生，所以可以随时进行(正式和非正式的)交流。这里的学生们没有汽车，在一群通常 16 岁就学开车，17 或 18 岁便有车的美国学生里，这个简单的事实有着很好的教育效果。这里的学生们不会像其他学生那样放学后就冲出去做兼职，也不会一回家便几周不回来(这在学校里很常见)。学生和教师的住宿区没有分散在城市里，学生们也不会参加校园的兄弟会或女生联谊会，而这些组织常会占去大量时间，造成来自同学之间的负面压力；他们也不会参加那些同样耗费时间的“专业”大学运动队、音乐团或剧团。大多数学生离开父母(有 3000 到 5000 英里)，因此在许多方面获得了自由，培养起独立的思想和行为。在这种情况下，学生很大程度上可以自由去学习。

在这种情形下，Harlaxton 教职工创造的模式有意识地将英国与欧洲文化的学习与体验和英国社区及家庭生活的浸泡式体验结合起来，经过仔细规划，变成了良好的教育实践，对学生和美国的来访教师产生了明显的累积效应。我们只能用文字描述，无法用数据来衡量其效果，但我们清楚地感觉到，在陌生环境和集中式教育的背景下，这种学习与体验的融合对学生的影响是呈几何式增长的，“Harlaxton 改变了我”常被提及。学生在校期间的确表现出知识量更大、更开放、独立、灵活、能干和自信。这种综合性学习趋向于发展学生的"全球公民"或"全球责任感"，评估表明的确在向这个方向迈进。

这里再一次提到，这一模式的各个组成部分并没有什么新意，重点在于如何将它们组合起来，对学生的体验产生直接影响。我们不能说虽然每个人都会使用毕加索或莫奈使用的颜色，而只有最后的构图是神来之笔，但 Harlaxton 的例子还是让人受到启发。Harlaxton 大学在其独特的背景下，有意地为美国本科生开创了一种独特的学习模式，最终完成了鲜有他人能够达到的目标——卓越的教育效果。

学习：英国(与欧洲)文化的刻苦研修

这个想法如此简单，人们却又疑惑它为什么并不多见，不过 Evansville/ Harlaxton 模式中，Harlaxton 大学的学术课程主要特点在于所有学生就生活在他们所学习的文化之中。他们不仅仅是在正确的时间按照正确的顺序上正确的课程，而且是有意而高强度地学习，所有学生和大部分老师都参与其中。

具体过程如下：Harlaxton 的所有学生一半的精力都用来学习一门叫做"英国身份：从凯尔特人到现在"的跨学科课程。这门课程由一组高效而充满活力的英国驻校教授编纂、修改和不断更新，以一种传统的学院式方式教授，融合了大班讲座和小组讨论。每周一和周三早上，整个学院都聚集在 Harlaxton 庄园的长廊里听诸如"诺曼底人征服(英格兰)之前的英国"、"英格兰、诺曼底和安茹帝国"、"新教民族主义的改革与崛起"、"都铎王朝"、"英国和维多利亚帝国主义"、"英国与第一次世界大战"、"英国的形成"等主题的讲座。(从这些主题可以看出，即便在有欧盟之前的最早的年代，了解英国即意味着了解欧洲。)每次讲座后都有小组讨论，让学生根据一些基本的资料进行主动、参与式的学习。这些资料包括大宪章、《坎特伯雷故事集》、都铎王朝统治者的画像、莎士比亚的《亨利五世》、William Byrd 的音乐、披头士、John Locke 的作品、二战期间国内后方的文件等。

作为课堂教学的延伸，学生们还和他们的导师一起去书中提到的地方旅行。对 Evansville/ Harlaxton 模式而言，学生亲自看到和体验其所学习的东西非常重要，因此整个学院都会开展实地考察，去参观林肯大教堂和城堡、罗马遗址、城塔特歇尔堡或 Inham Hall (去看在本地乡村教堂的复制品)、Peterborough 教堂、Burghley House、伦敦的 Peterborough 大教堂、Southwell Workhouse、英国国家美术馆和国家肖像馆。这些当然都是校外活动，但有着明确的目标，由英国教师做领队，路上向学生讲述相应的知识，并期待他们会对此产生有见地的反思。学生们甚至还会到他们所居住的 Harlaxton 庄园，不是当做自己的宿舍去研究，而是探究它如果作为一所维多利亚时代的乡间别墅会变成什么样。学生可以通过新的角度来看到相似之处，从而开拓思维和视野，因此这是种很巧妙和有用的方式。

在这门课中，传统的学术研究和写作是最重要的，研究报告和论文考试都要求学生把课程资料整合成合理的形式，规则是“按照阅读、思考和写作的顺序”。(全世界的教师都憎恶学生没有经过一定程度的阅读和思考便开始写文章。)Harlaxton 的图书馆和电脑房每周七天、全天 24 小时开放。这种学习环境的目的很明确：“我们的图书馆从不闭馆，我们的思考也从不停止。我们每时每刻都在学习。”为了让那些从美国来到英国且多为第一次来的学生深深记下这个目标，学校采用并修改了英国随处可见的代表见习司机的红色字母“L”(这个标识在美国不常用)，并配上大家所熟知的标语“Harlaxton 学院——一起学习”。

Harlaxton
College
L
Learning：All Together

这个标语的意思是：1. 在 Harlaxton 是综合性学习；2. 学校里所有团体所有部门对学习的承诺；3. 学习从不停止、永不结束的决心。正如学生所说的，一生“每时每刻”都在学习。

除了所要求的英国研究，Harlaxton 的学生还会选择英国或美国教授开设的课程。这些美国教授来自于美国本土的 Evansville 大学，或者轮流来自该大学在美国的 22 所合作院校。可选课程涉及众多学科，来访问的教师数量每学期都有变化，课程包括文学、历史、音乐、艺术、数学、心理学、商学、戏剧等，甚至还有护理和工程学。学校要求美国教师尽可能用核心的英国研究课程中的知识或经验，将自己的课程与英国的情况及自己的教学直接联系起来。因此美国学生在 Harlaxton 学习安排得满满的，而由于开始得较早，所以都能努力完成学业拿到学士学位。

这些都看似平常，但很多海外学习项目却无法完成这简单的事——学习自己身边的文化。

参与：体验英国(和欧洲)文化

如前所说，体验式学习是 Evansville/ Harlaxton 模式中不可或缺的一部分。在 Harlaxton，周一到周四主要是在教室和讲堂，从周四直到周日晚上以及平时的晚上，学生和教师都参与到对本地、英国和欧洲文化的直接体验中。

从学生的角度来说，体验周围文化的方式中旅行排在首位。除了上文提到的英国文化学习实地考察，Harlaxton 在每周都会组织可选的旅行活动，目的地遍及英国(伦敦、牛津、剑桥、斯特拉福德、巴斯、巨石阵、约克、爱丁堡、威尔士、伯明翰)和其他欧洲城市(爱尔兰、巴黎、罗马、佛罗伦萨、威尼斯)。这些学校组织的旅行会大致介绍与核心的英国学习课程相关的内容，也培养学生将旅行与自己的学习结合起来。每次出行都由学校的教职工带队，鼓励学生们自主体验周围的文化。随着他们逐渐变得自信(有些一开始就很自信)，学生会自己组织去旅行，而 Harlaxton 则提供相应的资源(如研讨会、印刷材料、计算机)帮助他们筹划这种独立的文化参与活动。当然 Harlaxton 的教职工不会天真到以为学生去巴塞罗那或巴黎这样的地方仅仅是为了学术或个人启蒙，但我们也知道，旧时的游学旅行中，很多学习过程都是在体验中发生的。如果帮助他们将学习与所见所感联系起来，那么他们的学术和个人进步都会十分显著。

Harlaxton 庄园附近城镇、村庄的人家接待学生的活动也很重要。将近 30 年来，这些人家邀请 Harlaxton 的学生来家里吃饭，去剧院或音乐、运动赛事，游览本地名胜，或是晚上在本地酒吧安静地谈话。学生们也会相应地邀请这些英国“父母”到庄园吃饭和参加学校为此组织的活动(Harlaxton 的 7 月 4 日活动最有代表性，而 Harlaxton 家庭圣诞节是最精彩的)。学生与这些家庭常常会结成毕生的友好关系，这当然是极佳的草根项目。不过学校不能就此停步，因为它总归是学习的地方，于是便开设了研讨会帮助学生去理解和接受所观察到或与寄养家庭讨论到的英美之间的差异，涵盖家庭生活、国内建筑、社会习俗、教育体系、医疗、政府、教堂和信仰、工作、税务、官僚、就业和抚养孩子等。

同样的，学校也会邀请来自英国各社会阶层、善于表达的人与学生见面(每组 10 至 12 名学生)，谈谈他们的生活与工作。当地人毫不吝惜自己的时间和生活知识，愿意参与这种虽不够正式，却对美国学生教育至关重要的活动，其中有教区牧师、会计、校长、公爵夫人、银行家、土地持有者、议员、演员、拍卖员和农民。Harlaxton 的教职工也会帮助学生将这种谈话与学习英国历史、生活和文化过程中的重要部分联系起来。

在更正式的活动方面，每个学期都会有个人和组织来 Harlaxton 大学开设讲座或文化报告。最近几学期就有伦敦塔的管理者讲述“塔的历史”，解析著名英国和爱尔兰作家的作品，赖斯特大学的学者讲英国乡村房屋的舒适与便利，法国学者从文化历史角度解析最近的金融危机，来自本地小学的五月柱舞者，林肯大学的学者讲最有名的逃犯 Hereward。这些报告都植根于所要求的英国学习课程，将学习和体验结合起来。

这里要再一次提到，这些活动之所以可以开展，是因为 Harlaxton 开创了一种精心设计的课程，所开展的地方学生和教师比邻而居，很有吸引力。由于 Harlaxton 庄园历史悠久、壮观醒目，学生便邀请家人等来这个吸引人的地方参与这种教育目标一致而又有侧重的课程。这与那些把住在各地、行程安排不同的学者和学生聚集在一起，进行普通的学习体验的方式截然不同。

学生的“走出校园”不仅仅是去旅行，也是融入当地的社会。美国人依然是个喜欢做礼拜的民族，因此许多人便会去本地的教堂。学生会去收容所和养老院等做志愿者，去接触女童子军、残疾儿童和环保组织。在课堂和组织的活动里，学生们去生产场地、刑事法庭、剧院后台和画廊的画室、医院、历史遗迹、考古挖掘、体育场(见见运动员和管理者)。

这样一系列精心组织的活动将学习英国历史、生活和文化与重要的体验场所联系起来，使得学生能够亲身体验，这便是 Evansville/ Harlaxton 模式的根本所在。我们高兴并满意地看到，这些精心策划的活动也渗透进了一些自发的、无法预料甚至是混乱的关系和经历，同样增强和提高了学生的学习效果，得到的益处成倍增加。

浸入式：生活在英国的中心

至此对于 Evansville/ Harlaxton 模式，我们探讨的是主动学习(对英国生活和文化的跨学科学习，将英国的生活和文化融进有意组织的活动)以及学校和学生各做些什么。

现在要谈谈这种模式究竟是什么。

由于住在 Harlaxton 庄园里，学生和教师每时每刻都处在一个“英国式”的氛围里，“英国”便成为他们思考和生活的一部分，无意识地(或颠覆式地?)潜入他们的美式思维，还让他们学会了英国口音。因此，优秀的 Harlaxton 教职工虽然有理由为他们的教学和照顾学生感到自豪，但也把这座庄园看做“最好的老师”。

如前文所说，Harlaxton 庄园是英国现存最精致的古宅中的一个神奇之作。它本身便很有意思，不过它的荣耀源自其用途和目的：它不仅仅是艺术品或博物馆，而是一个用于教与学和提高国际理解与全球责任的充满活力的场所。学生们走进它富丽堂皇的房间，走过实用的走廊，躺在卧室或林间的马车棚里休息时，其实都在学习。在每天的游历中，他们看到了庄园的形式和结构，看到了大理石和木头玻璃以及石膏和石头中的艺术装饰；他们思考当地人的生活和经济，思考引起居民和生活方式变化的日新月异的社会结构。他们在导师的帮助下感受 Gregory 建造这样一座庄园时的热情，看到他创造这样一座持久美丽的里程碑式建筑所带来的意想不到且无法想象的益处——庄园成为他们的家，帮助创造了他们的生活和我们的未来。Harlaxton 庄园的一些住户是一战和二战中的英雄，有位住户曾为社会正义而奋斗，其他人则是士兵和教堂的学者，同时有些住户成为如今英美大学的顶尖教授。前人的故事与如今 Harlaxton 的师生融合，让后者开始将自己视为一个高尚群体的一分子，他们生活的环境和意义都有所提高。

神秘吗？当然，但也很真实。

对美国学生来说，一切并不止于这所宅子。附近的农场里有座罗马式宅子，数代 Harlaxton 学生在 Sapperton 发掘出了一个考古之地。Harlaxton 所在的村庄曾是 Danelaw 的一部分，它的名字有撒克逊的成分。村里的教堂可以上溯至 1170 年，最初的 Harlaxton 庄园也许是从兰开斯特公爵约翰所拥有或常常光顾的一个打猎场发展而来。这位英格兰的“无冕之王”是 John Wycliffe 和 Geoffrey Chaucer 的赞助者。与学生们交谈的教师都是英国人(除了来自美国的访问教授)，学生们慢跑或骑车穿过庄园周围的田园景观，景色像是直接出自英格兰的画作，或者沿着运河(运河形成时正是 18 世纪后期美国建国时)，跟骑马走过村子或者在庄园的公用场地遛狗的英国人交谈。他们会在 Harlaxton 树林里找到雪莲花或风信子，或者发现一个弃用了的二战空军基地，了解到从他们现在住的地方走出了命运悲惨的伞兵——每五个参军的年轻人里，只有一个最终回来了。他们为当地小学的孩子举办“儿童戏剧”表演，听 Melton Band 在 7 月 4 日 Harlaxton 花园晚会上演奏，对比和感受爱国主义的含义，看着英美两国的国旗在 Harlaxton 庄园前飞舞。所有这些不仅仅是外在的教学，还是内心的融入，用英美价值观、传统、历史和体制等方面的连续性塑造了美国学生和来访教师的生活。

所有现代大学所需的支持体系在 Harlaxton 庄园里都有，这也是 Evansville/ Harlaxton 模式国际体验中的一部分。这里有诊所，可以照顾学生的身体健康，教学楼和附近地区都可以使用高速无线网络，后院有生物、化学实验室，电脑房和笔记本触手可及，配备有先进健身设备的运动场掩映在树林中，以防新生们分心，有着丰富藏书的图书馆还与大英图书馆和地区大学的图书馆有合作。这些便利设施就如同 Harlaxton 这样的维多利亚时代的乡村房屋中的服务设施，是趋于无形的，它们不会喧宾夺主，而是恰当地服务于教与学的目标。

所以 Harlaxton 不仅仅是通过将学习、体验和社区参与结合的方式教育学生，还会以无组织却非常重要的方式让学生得到教育。美国学生和教师在此获得的是一种参与感、历史感和对美的欣赏，所有这些教育“商品”中，大多都是在有意识地求学与周日晚上享受球芽甘蓝、烤土豆配烤牛肉和布丁的过程中无意识地获得的。

Harlaxton 经验

从 1965 年 Harlaxton 庄园被用作大学校园由斯坦福大学管理，到 1971 年由 Evansville 大学接手，“Harlaxton 经验”归纳如下：1. 严格且高标准的学习——过去 20 年中都侧重于认识我们所在的地方，对英国的历史、社会和文化进行跨学科式学习；2. 通过实地考察和旅行、融入当地家庭和社区以及参与艺术、体育、历史、宗教、娱乐等组织和机构，把传统的学习方式与体验式学习结合起来；3. 在实现上述两点的过程中，庄园本身便是潜在的好老师，最深刻和最基本的学习常常在此发生。

其中大部分工作都是有计划的，将近半个世纪以来教育工作者们努力创作和改进这种综合、全面的学习方式；大部分工作又是超越了计划达到了更深层的效果，所触及的不仅是思维，更是内心，不仅是知识的积累，更是存在的意义。

也许正因为此，那些学业出色、拥有全球意识和责任感的几代 Harlaxton 学生常常互相说着同一句话。这句话既不是“Harlaxton 教会我很多东西”，也不是“Harlaxton 帮助我成长”，而是“Harlaxton 改变了我的一生”。

这种教育模式能广泛复制吗？如果有心当然可以。将来会广泛复制吗？不会，因为它会被视作不够实际和不够有效。

不过只要还有对人类思维和精神提高的渴望，对具有智慧、道德和宽容特性的领导者的向往，就仍然会有对这样的人、课程和地方的需要。他们不管多小，都能培养这样的特性，因此也将会有像Harlaxton大学这样的地方存在。

注：

在其发展历程中，Harlaxton庄园曾在一战中作为堑壕战学校和小飞机场，在二战中成为英国第一空降师的一个分部。

第三部分

学习与教学

第八章　学习型社会神话再研究

Christina Hughes 和 Malcolm Tight

引言

在这一章中我们将回顾我们在上世纪 90 年代中期提出的一个理论，这一理论首先在一篇题为《学习型社会的神话》的文章（Hughes and Tight 1995）中提出。这篇文章的理论和主要观点在其他学者发表的文章中得到了进一步论证（Strain and Field 1997）。1998 年我们出版合集时又将这篇文章收录其中（Hughes and Tight 1998）。本章的目的就是重新审视我们做出的分析，并且讨论“学习型社会”的概念在今天是否依然适用。

我们首先概述了最初的理论分析以及它招致的批评，然后讨论了更为近期的关于学习型社会及相关领域的争论。这个过程中，我们特别关注了知识经济如何作为一种政策焦点取代学习型社会的地位。在结论中我们思考了知识经济是否像学习型社会那样激发了人们的憧憬，以及这个概念对于高等教育的未来意味着什么。

学习型社会的神话

最初的文章（Hughes and Tight 1995）开篇就把“学习型社会”的概念作为当代教育政策讨论的核心概念。我们选择把这一概念作为“神话”来分析，并不是想直截了当地把它定性为捏造或谎言，而是希望分析这一概念是如何构建的，以及它的什么特性使得许多政治家和教育家对其青睐有加。

神话是日常流传的讲故事形式。在某种程度上可以把神话理解为一种松散的组成形式，它的语言总是变化不定而且自相矛盾(Hughes 2002)。但是一个概念要成为神话，需要的不仅如此。它需要让故事文本或叙述广为人知，从而使其有可观的力量。诚然，无论是真是假，最重要的是相信神话故事的核心思想。神话既可能导致虚假的描述，也可能导致绝对相信它是显而易见的事实。因此，此处的分析中，真实和谎言是一对密切又不和谐的伙伴。

我们认为，将学习型社会作为神话来研究可以帮助我们理清它的内部叙事结构，因为这种社会所吸取的其他思想可以借由神话的角度来理解。从这一角度出发，我们认为，作为一个神话，学习型社会是建立在其他业已存在的神话和信仰体系上的，最明显的就是关于生产力与改变、终生学习以及学习组织的体系。

上面提到的神话，分别是“增强生产力的需求永远存在”，“社会、经济和科技变化正在不断加速”，“教育、培训与学习需要终生提供并参与”，“最成功的组织是那些可以不断让其成员参与到有用的个人或集体学习活动中”以及在学习型社会的神话中，认为“个人终生参与教育有利于他们自身、他们工作的组织以及全社会”(同上，291－293)，都具有巨大的表面效度或吸引力。

但是，当我们对这些神话进行更严厉的审视时，这些神话便都开始分崩离析。不是每个活动的生产力提升都清晰可辨；除变化外，我们还看到了实践中大量的连续性。大多数人，即使是生活在发达国家的人们，也都没有参与到正规的终身学习体系中，并且也没有确实的证据表明那些自诩为学习组织的组织比其他更为成功。

我们的结论是不存在任何可以称得上学习型社会这一名号的例子。相反，即使在最发达的社会中，也有大量人群教育水平较低，许多从事“低技能/低收入”的工作，还有许多人失业。我们质疑如果学习型社会作为一种描述站不住脚，那么它作为一种期望是否仍然有人认同。大多数针对我们的评论是基于这一与期望有关的观点。

文章发表之后

我们的文章引起了其他关注学习型社会的学者和评论家们的共鸣。Strain 和 Field(1997：153)认为“相比 Hughes 和 Tight 在其文章中讨论的工具性和经济性的目标，学习型社会的目标更宽泛也更有改革性”。尽管他们承认“这个目标确实可能会被国家政府和国际金融机构中的社团主义者、工具主义者及普遍主义者的利益所曲解和利用”，但他们还是认为：

> 民主的环境使得可能产生一个得到众多支持的理论，但我们不应如此轻易地向如此肤浅和片面的批评屈服。现实社会的情况是知识以及其他资源的分配十分不平等，以至于不仅妨碍了个人能力和自由的实现，甚至有可能影响到人类社会整体的发展与存亡(1997：154)。

第二年，两篇文章都收录在 Ranson(1998a)编辑出版的合集中。我们的文章是合集第三部分“批判性讨论”的第一篇论述，这一部分还收录了另外三篇著作以及 Strain 和 Field 的回复文章。在书的结尾，Ranson(1998b)撰写了一篇“对批评的回应”，在其中他承认我们的文章展示了一种“有帮助的挑战”(1998b：241)，却也认为：

> 我们没能提及学习型社会的复杂性是一种分析或理论性的构想，它包含着经验论断、概念分析和规范价值。学习型社会的确假定存在前所未有的变化(经验主义)，和学习这些变化意义的重要性(规范性)，以及这些假定的解决方案取决于创造某些制度性条件(理论性和评估性的主张)。虽然学习型社会的概念萌生于当今的世界，但它主张为实现个人和集体的福祉而进行改革(1998b：242)。

我们不对这些批评提出异议，因为不管是从规范性还是政治的角度看，都急需发展一个包容的社会。确实，如今在英国有500万成年人缺少在生活和工作中需要的读写能力(Jama and Dugdale 2011：5)，因此，那些与学习型社会相关的概念在意识领域及在促进变化和投资方面是非常重要的。但是，这并不能否认另外一些问题的重要性，比如，批判地分析这些理念如何实现，它们在促成变化方面是否有经验基础，它们如何激发理想，以及更进一步，当热潮退去时它们如何淡出人们的视线。

关于学习型社会的近期著作

自我们的文章发表并且引发批评之后，关于学习型社会的著作便源源不断地涌现出来，其中有些基于所谓的成人教育传统(如，Istance et al. 2002；Jarvis 2006，2008)，另外一些则基于一般性的教育背景(如 Antikainen 2007；Masschelein et al. 2007；Selwyn et al. 2006)。

特别是Jarvis(2006，2008)就这一话题写了大量的文章。在第一部书里(Jarvis2006)，他收录了在《国际终身教育杂志》上发表的一系列文章。需要指出的是，这些文章被分为四个部分，“从成人教育，到终身教育，到终身学习，到学习型社会及以上”，但是关于学习型社会以上是怎样的形态作者则没有提及。

在第二本书中，也是三部曲的最后一本书中，Jarvis(2008)将学习型社会的概念与后现代化、信息社会、伦理道德、全球资本主义、民主和乌托邦联系起来(见本书第五章)。他认为学习型社会是自然而然产生的：

> 对大多数人来说，学习是永不停止的，因此关于终身学习的重要一课就是，我们只要活着，就在学习，我们从未达到卓

> 越或时间的尽头。我们的后来人会继续学习，因此学习型社会也会不断变化，这是一个存在性现象。但问题和不确定性是我们不知道它将向何处发展并且必须依靠自己，依靠至今没能在地球上建造出人类之城或新耶路撒冷的人类自身(2008：225)。

在互联网上也有许多关于学习型社会的文章。使用流行的搜索引擎(Bing，Google)搜索学习型社会得出的前十条结果中有三个常见的文档，其中一个是维基百科的“学习型社会”词条，其中悲哀却很能说明问题地写道：“这篇文章是孤例，很少或没有文章与之相关。”第二篇(Smith 2000)发表在《非正式教育百科全书》中；第三篇是思科系统公司(2010)委托所做的一个报告。第一篇文章引用了我们最初的文章，第二篇文章使用了 Strain 和 Field 以及 Ranson 合集的内容，第三篇则完全没有引用上述文献，而是引用了众多文学作品，大部分是美国的。

维基百科上的文章很大程度上是一个关于学习型社会观点的摘要，引用了很多我们在写最初的文章时的参考文献。这篇打印出来只有 6 页的文章指出了学习型社会的 4 个主要特征：未来的趋势和对新科技的依赖；关注社会层面；对反身性的要求；以及它在一个教育也是商品的全球市场中所处的位置。文章还概括了政策发展和对这一概念的批评，提到它含糊的本质。

《非正式教育百科全书》上的文章在长度上和维基百科的文章相近，涵盖的范围也大致相同。文章重点关注学习型社会的理论和讨论，并用大量篇幅总结了主要学者的观点，包括 Schon，Hutchins，Husen，Boshier 和 Edwards。文章总结道：“学习型社会的理念也许有一些理论和分析的潜力，但是如果要把这些潜力释放出来还有很多工作要做。”

思科的报告内容更加充实，总共约 40 页，并对为文章做出贡献的 30 名思科员工和全球 20 名专家提名致谢。文章引用广泛，一开始就说道：

> 现在出现了一种新的学习道德观。在过去，学习是竞争性的、强制的和家长式的，而新道德观则是合作、全球和普遍的。合作性是因为学习者需要彼此协作；全球是因为每个社会都需要作出贡献并对彼此负责；普遍因为社会各阶层都必须对学习投资并参与其中(Cisco Systems 2010：1)。

报告用华丽的言辞重点强调了新的理解和发展，并归纳了学习型社会的9项原则，包括“创造了一种终身学习的文化”，“为学习者提供了成功所需的基础条件”，以及“支持不断创新和反馈的系统以获得在特定条件下何种做法有效的知识”(2010：21)。报告结尾给出了十条建议，首先是：

> 学习型社会需要政府、企业、非政府组织和社会投资者构成紧密联盟，它们的合法性、创新以及资源能使学习型社会成为现实(2010：25)。

虽然思科的报告并不同于(其实是优于)20世纪60年代以来许多国家和国际的报告，并且毫无疑问传递了对于这个话题的热情和强烈的目标感，但它至少从学习型社会概念的方面来看，有些与时代不符。虽然人们和各种组织依然会提到学习型社会和进行相应的写作，但至今相关文章、书籍、报告或政策文件并不多，而且很大一部分是出自那些学术生涯已到尽头，或者已经把大部分学术资本都投入到了这一概念中的人。

超越学习型社会迈向知识经济

我们认为学习型社会的概念已经完成了它的使命，并且随着新概念的提出而逐渐退出历史的舞台。这一概念被其他一批概念所吸收并取代，它们的名字通常是知识、全球、信息和国际等词语的组合，并且喜欢使用“经济”代替“社会”。因此，今天我们听到了更多的知识社会或信息社会，特别是知识经济，这个概念被 Brinkley (2006：3)通俗地定义为“公司利用强大的计算机和受过良好教育的人共同创造财富”，也被称作以知识为基础的经济，或全球知识经济。这一概念在后工业化时代变得重要，因为这个时代强调个人的高水平教育和使用新技术的重要性，从而使得就业政策倾向于“与生产相关并且使用知识而不是体力和低水平服务的工作”。(Purcell and Elias，2006：3)

近期有四本著作阐述了这一趋势。值得一提的是，四本书的编辑大部分是研究社会科学的，没有一个就职于教育部门。

Van Weert 和 Tatnall(2005)编辑的书，和许多其他书一样，源于一次会议，会议主要探讨的是信息和通信技术在知识社会中的角色。收录的文章讨论的问题包括现实生活中的学习、公司虚拟培训系统、知识工作管理、智能学习对象、行业培训定制和与工作结合的学习。

Harding 等(2007)年编辑出版的著作将知识经济中大学对区域发展的作用作为主题。在开篇的章节中，两位编辑讨论“全球区域”大学(Marginson 和 Rhoades 2002 年的书中也有提及)，是随着全球化进程应运而生的一种自相矛盾的现象：它们和“区域化”或“地区化”的联系与它们和全球性活动或组织的联系一样紧密(Scott and Harding 2007：5)，并且把大学看做巨大的知识工厂。收录的文章讨论了诸如技术转移、集群发展、社会嵌入以及学术界在知识经济中的角色等问题。

Walby 等(2007)关注在理解知识经济的过程中性别所发挥的作用。Walby 在她的书中开篇就写道：“知识经济是工作世界的未来。它的定性对理解与它相关的就业行为以及它对工作生活质量的影响至关重要。”(2007：3)本书其他的作者(来自美国、英国、德国和日本)讨论的话题包括比较生计安全系统、生活与工作模式以及谁应该成为知识工作者。

Jessop 等(2008)把关注的重点放在欧洲和知识经济对教育的影响，他们认为这是进行跨学科或后学科分析的合适时机。在书的第一章中，Jessop 写到了这些新变化对世界的影响：

> 大学治理的传统模式，最著名的是洪堡模式，正在由于对更大 责任的需求而日益受到挑战，这包括对多层的国家体系的责任和对从中小企业、国际企业以至经济和非经济领域的所有竞争的责任(2008：34)。

书中的其他作者讨论的话题包括欧盟的作用以及正在进行的博洛尼亚进程，他们中的许多人使用了批判性话语分析(在本文第六章有所涉及)。因此，Mulderri(2008)同样使用这一手段分析了英国过去 40 年间发布的 17 本教育白皮书，并指出：

> 是对宏观政策战略不断进步的改良。这包括撒切尔政府忙于解决教育治理中“这里和现在”的问题和梅杰政府提出的更加面向未来的关于经济成功的新自由主义主张。因此到 20 世纪 90 年代早期，教育对于保证经济成功的作用已经深受认可。布莱尔执政末期在宏观政策规划中更加具体地提出：使每个人获得技能，用一个政策手段，同时达到经济和社会政策两个目标(2008：167)。

非教育领域研究知识经济会对教育，尤其是高等教育产生何种影响的兴趣也反映在教育研究者的著作中(如 Altbach and Knight 2007；Bastalich 2010；Marginson and Rhoades 2002；Ozga et al. 2006)。一个例子是 Marginson 等(2010)最近出版的书，其中作者们关注的问题有全球化、创造力和知识经济。本书以不同作者撰写章节的合集发表。就像之前讨论过的 Jarvis(2008)的书，这本书是一个三部曲的第二部。

Marginson(2010)在书中首先请读者“想象一个在学术研究、高等教育行业和政府创新领域唯一的全球知识经济体”(2010：9)，他指出这直到近期才成为可能。书中收录了 Murphy 撰写的几个章节，分别关于距离之谜、港口的力量和海洋的想象力、世界的范围。Marginson 随后又讨论空间、流动性和同步性，在高等教育中拓展空间，以及作为一个全球参与领域的高等教育。Peters 在最后几章讨论了全球科学的兴起、高等教育的开放性、文化交流和出国留学问题。书中还分析评论了全球高等教育的机制战略、国家战略和跨国战略。

重新评估

我们将学习型社会作为神话来分析(Hughes and Tight 1995)是根据生产力和变化、终身学习以及学习组织这些基本的神话来进行的。我们认为如今的言辞和争论都已有改进，我们所要探讨的是知识经济最新的概念。知识经济与学习型社会在概念上有许多相似之处，但前者不太可能向文化、社会、社区甚至精神等与后者有关的元素做出重大的屈服。

和学习型社会一样，知识经济也依靠一些基本的神话，这里我们也列举四个，不过它们比学习型社会的四个神话复杂，因为其中两个内部本身就有争议。

“改变”这一概念的旧含义已被创新所取代，即我们要不断向市场推出新的理念，或者至少找到更佳的方法来处理旧事。“生产力”的概念如今已被(全球范围的)竞争所超越。不过认识到高等教育机构和其他组织一样，都想尽可能地过轻松的日子，这一点是与协作冲突的。这里的偶像是国际排名和世界级大学(Mohrman et al. 2008)。

由于信息和通信技术(常缩写为ICT)，本应实现终身学习的媒体，却将它排挤在外。在上述四点里学习组织并没有相似性，它的地位正被全球化所取代，不过随着竞争和写作，也认识到了本地化一直以来的重要性。

就像与学习型社会有关的四个神话那样(改变、生产力、终身学习和学习组织)，创新、竞争/协作、信息与通信技术和全球化/本地化这些新的“神话”也会受到批评，导致人们逐渐不认可知识经济的概念。我们会用两篇已发表的文章来阐述这些批评，一篇是Brinkley(2006)为英国工作基金会撰写的报告，另一篇是Bastalich(2010)谈论澳大利亚高等教育的文章。

在创新方面，Bastalich(2010：855)质疑道：“创新会促进增长和进步这种天真的看法……不仅……创新与国家增长之间的联系难以使人相信，而且……从一种与文化和历史无关的角度，无法客观地判断新理念和发明带来的益处。”

Brinkley(2006)为了更好地定义从而衡量知识经济，将创新型公司定义为“其产品或生产过程采用了全新的技术或重大的技术改进”(2006：23)，发现“英国的创新型公司提供了62％的营业额和4％的就业岗位，在其他大部分欧洲国家里这个比例明显更高”。尽管他认为这样定义并不苛刻而且显得宽容，但它的确暗示着一个经济体即使大部分都“没有创新”，也似乎发展得相当好。

在信息与通信技术的使用和影响方面，Brinkley则更坚定，认为“除了美国的个别例外情况，基本上没什么能表明ICT提高了基本生产力和增长速度(2006：6)”。对于全球化，他认为“它只是对英国经济发展和产业结构的众多影响之一，并不像有些评论家和政策制定者所预设的那样发挥着核心作用(2006：9)”。

两位作家都严厉地抨击了普及知识经济的言论。Bastalich(2010：845)对这种理念的看法与我们相似：“无论政策制定者怎样宣称，知识经济并不是一种新的经济生产模型，而是对理念和生产之间关系的一种荒唐的重塑”。

Brinkley(2006)的侧重点在衡量上。他认为“也许投资于知识的确会比投资于经济与合作发展组织(OECD)的基础设施见效快，但这是否适用于大多数国家则并不明了。在英国情况甚至是相反的，因为基础设施的追加投资会成为国民生产总值的一部分”(2006：8)。

Brinkley定的知识密集型产业包含“中高科技制造业、金融、商业服务、电信、教育和卫生(2006：15)”，据他估计，2002年上述这些产业占英国GDP的比重为41%，美国和德国为43%，法国为40%，意大利为35%，西班牙为30%(2006：16)。这又是一个相当宽容的定义，它表明只有很少一部分工业和商业活动可以算作是知识经济。

所以学习型社会及继任的知识经济都没能经受住众多批判式的审视，这些审视认为它们不足以像声称的那样为经济社会发展提供可靠的政策指导。这两个术语也许就是所谓的期望型组织概念，而不是简练地分析实际情况。这并非是说它们没有传达有力的理念，很明显它们的确有传达，也并不是这样的理念不重要。现在越来越多的创新不断涌现和产生影响，信息与通信技术到处可见，经济的全球相关性远高于以前，但这些都不是我们需要考虑的当前的重要问题。

结论

在结束本章时，我们提出并回答两个问题。首先，我们为什么从谈论学习型社会发展到讨论知识经济？其次，这对高等教育有什么意义？

要回答第一个问题，需要分析我们的讨论是怎样随着经济、政治、社会和文化的变化而变化。语言既呈现又创造了社会，它建立在已有的含义上，同时吸收新的事物。理念一旦明确，会有一定的流通期和生命期，尤其是当它们缺乏大家所期待的东西时。不过这些理念中根本性的思想，尤其是如果它们传达了基本的愿望，会(像僵尸一样)在很长一段时间里到处传播。它们会周期性的更新，重新进入政策和实践的辩论，然后重新向事物施加影响。

当然在某些情况下差异性很重要，对于学习型社会和知识经济也是如此。我们原本的争论点(Hughes and Tight 1995)，也是我们被批评的地方，是说当学习型社会换上社会一经济的破衣烂衫时，它本质上或者至少被放在政策层面来解读，却被我们看成是一种经济发展的问题。如果说上世纪 90 年代还能曲解这种问题，或是看到某种期望平等的新工党议程，那么这对知识经济来说则更显不易。将“社会”替换为“经济”展示出公众在接受这个术语时的更多自信，以及对全球化时代保持经济竞争力和政治力量的恐惧感至少是更加关注。由于“大社会”的概念至少在英国正在接受公众的审视，下一个神话要怎样把教育、学习和经济联系起来会是件有趣的事。

谈到知识经济的概念，这种神话的情感倾向和它的设定对象有明显的区别。学习型社会的概念具有平等性，而知识经济则没有。后者在等级和性别方面很有等级性，因为政策所侧重的领域里从业的大多是受过良好教育、有广泛社会关系的男性。

这样的政策考虑和上文相应的叙述淡化了一直存在的国内和就业责任里的性别歧视。尽管“机会均等对同样合格的年轻男性和女性仍然是最重要的……他们作为个体和家庭成员所面临的核心问题是工作/生活的平衡，而这种成就能够提高平衡，并且构成了知识型社会最重要的社会政策中的一项”(Purcell and Elias，2006：1)。它尽管是个全球问题，却不是普遍问题。

那么这对我们这些从事、研究高等教育或者与之有关的人具有什么意义？知识经济如果像它之前的学习型社会那样被看做是政策，则毫无疑问能支持高等教育，因为它十分看重高层次的技能和能力。毕竟如果连高等教育都不能视作知识经济的一部分，那还有什么可以？但对这个概念的多种批判性评估强调了它的片面性和局限性。它对政策走向的影响要求我们要考虑应当为子孙后代提供怎样的高等教育。

正如术语所揭示的，知识经济首先关注的是资本扩张或至少是生存。比较于学习型社会肤浅地预示了一种包容的议题，在这种以经济为重的模式里高等教育的作用就是提供能产生利润的知识。因此便有了过去几十年里大学以技术以及最近的以就业为重的现象。

在教学方面，用当代的术语来说，这就意味着重点越来越多地放在培养“半成品”学生，使他们毕业开始工作时能够很快上手。这也意味着要重视那些被视作技术培训式的学科或课程，比如计算机、教育、工程学、医学、护理、社会服务和首当其冲的商业与管理，它们通常与某些雇主和领域有着紧密的联系。现在要求大学提供每门课程的就业情况的详细数据，表明高等教育和雇主的需求联系更加紧密了。

在研究方面，这意味着会重视那些能够带来有价值和影响的项目，比如新型或改进的产品、现有实践中的成本核算等。也就是说学术研究会像教学那样，按照结果来拨款，并与该行业里或其他地方能利用研究结果的人保持紧密的联系。

要将知识经济理解成一个神话，我们会发现，它的片面性和所招致的广泛批评都表明，它并未能向学习型社会的理念那样赢得学者们的认可。学习型社会迎合了学术界许多人和政策制定者的想象，而知识经济却缺乏对传统的考虑。它的拥护者是政策企业家和资本，因此尽管它可能也包含有许多信仰体系的元素，但无法构成我们时代的神话。

第九章　数字化学习对 21 世纪高等院校的影响

Paul Bacsich

引言

本章将探讨处于 21 世纪时期的“学院”如何并且为何开展数字化学习，同时还去适应“他者”(包括其学生)开展数字化学习。本章旨在进一步探讨为什么在高等院校管理范畴内，广受理想主义者推崇的激进式解决方案极少起到作用且大部分均遭受失败，而相对缓和的解决方案却能够长期有效地发挥其作用。本章将就数字化学习与私有化、国际化、文化、研究和资助之间的相互关系进行阐述。

本论文所陈述的内容源自作者于 1995 年首次在美国高等院校接受的数字化学习经历(共 3 周)及其在此期间结识的该领域同事，同时，作者正在进行的 Re. ViCa 和 CAPITAL 项目(http://www.lrsi.nottingham.ac.uk/capital/)也为该论文提供了有力素材。此外，作者长期在开放大学研究并参与诸多小型项目的经验，尤其是他与包括澳大利亚、巴西、加拿大、中国、哥伦比亚、香港、科威特、墨西哥、新西兰、挪威、卢旺达、南非、西班牙、瑞典、泰国及英国(见附注 1)在内的不同文化国家和地区的广泛接触和交流经验，更为本论文提供了多方位的思考角度。

背景

本人很荣幸能够在 20 世纪 90 年代期间担任开放大学的研究职

位，在此期间与数字化学习领域的诸多欧洲学者保持密切联系，深入探讨数字化学习的议题。得益于当年开放大学颇具优势的资金来源，大部分同事早在20世纪90年代就拥有了家用电脑和办公电脑，而当时第一批笔记本电脑才刚刚问世。我们在1992年首次建立了一流的公告栏系统(http://www.soctarc.com)，E-mail交流成为了当时稀松平常的事；即便我们的伴侣对此嗤之以鼻，认为这些事“浪费时间”，我们却宁愿没日没夜的花费精力投入到这一所谓新型的“社会网络”中。虽然当时的手提电话外形还稍显笨重，且还不具备短信功能，但参与欧盟项目的人员均配备了电话(得益于开放大学与欧盟机构的良好合作关系，我们中的绝大部分人员也都拥有了电话)。我依然深刻记得在布鲁塞尔期间，曾经在被锁的门外打电话联络同事，却不知道同事其实就在门的那一头。通过这种所谓新型现代的沟通方式，每次开会时，只要在快接近会场的时候打个电话联络同事，我就能很方便地知道会场的具体位置。

作为一群从20世纪90年代电脑发展之初就开展相关研究的专业人士而言，对近来对数字化的国人和网络一代所谓的“洞见”则不以为然(Maton及Kervin 2008)。事实上，三大事件见证了开放大学在进入21世纪所经历的转变。首先，我与一名同事(已故著名教授Robin Mason先生)在1995年夏天赴美国进行了为期三周的访问学习，访问了进行数字化学习研究的多所大学和公司，而这种数字化学习也随后被我们称为“虚拟大学”(实际上是由EdMedia于1995年定义)。其次，成立于1996年的知识媒体学院作为开放大学“基于学术优势的技术策略”计划的重要组成部分，主要用于应对来自国际化竞争对手和英国爆发式增长的远程教育的冲击。我无法确定“兵临城下”是否是开放大学对国际化竞争对手的称谓，但这一说法确实诞生于那期间。第三大事件则是Dearing报告(Dearing 1997)的正式出版发行，奠定了20世纪90年代后期高等院校体系的改革基础，很多改革至今尚在进行中。

当听到Ron Dearing先生说“需要 ·代人的时间才能进行改变”(http：//en. wikipedia. orf/wiki/Ronald _ Dearing. Baron Dearing)时，我们不禁感到不可思议，因为时代变化实在太快，有些变革确实正在进行，只不过尚未覆盖到所有发达国家。在本论文中，我将以偏向欧洲的角度阐述，但使用的相关案例将包括北美等不同地域。

学院及其附属

一谈到“学院”，人们往往不容易清晰地明确其涵盖的范畴。进行高等教育研究的机构虽然拥有很多共同点，同时却也有着各自不同的特性。我主要以英国为例，但在大部分欧洲国家均能发现类似的结构，典型的四层结构如下：

1.“旧式”大学：属于传统和相对松散的管理模式，通常可追溯至中世纪，自认为在研究方面趋于领先；

2.“新式”大学：1992年开始成立于英国，致力于提高理工科教学，作为私立机构运营(即法律意义上的“有限责任公司”)，但同时也能享受到广泛的国家资助。迄今为止，许多欧洲国家中依然保留着部分接受不同监管和受资助模式的“理工科”院校或应用科学方面的高等教育机构；

3.“大学学院”：2002年开始成立于英国，其管理和资助模式与新式大学十分类似，但受到部分限制(如无法授予博士学位)。许多艺术、音乐、舞蹈和戏剧专业院校则属于该范畴；

4.“学院”：主要用于直接提供大学教育的机会，但越来越多类似的学院把高等教育的职责仅作为其全部职能的一部分(通常是一小部分)。

“大学”这个术语往往不涵盖上述第四个层面的内容。不同于美国对高等教育的分类，上述分类在欧洲绝大部分地区(除部分地区如苏格兰)都获得了普遍认同，“社区学院”提供了专科教育的学习而高等教育则提供综合性的教育服务。

但上述分类也只属于统计性的观点，并不能涵盖所有类型的高等教育，如该分类中就没有包含一些特殊模式运作的学院。

总体而言，西方政府往往并不真心关切学生“如何”得到教育，他们往往认为全日制学生一进入校园便可撒手不管，和父母一样对学生的在校生活和学习一无所知，而正是经济危机的压力才慢慢将诸多弊端暴露出来。事实上，我们曾经也经历过类似的危机，20世纪70年代开始，全球展开了一场声势浩大的改革运动，力求向非全日制学生提供一种“不同”形式的高等教育模式－即开放式远程教育，以拓宽高等教育涵盖的范畴，而时至今日，政府也依然认为这是一种更为经济合算的教育方式。

提供该类教育的开放大学从一开始便形成了竞争局势，伴随着部分先天不足或囿于资金来源的大学逐渐被淘汰，开放大学逐渐成为全球范围内具有竞争力和影响力的学校。

除某些特例外(如印度和西班牙)，一个国家极少存在超过一个的开放大学。在下文中我们会对此进行研究。

四级分类的另外一个缺点即没有涵盖私立学院。在很多国家都存在着私立大学或私立学校，只有极少数国家(如法国和英国)对此有所抵制，但这些国家也已有所改进。大部分国家的教育机构都默认这种私立化办学方式，它们是独立于普通教育体制以外的一种自力更生的教育资源。不可否认的是，世界各地很多高等院校都是以私立机构的方式进行管理，而我在这里阐述的“私立”并非是其法律意义上建立的方式，而是其被资助的形式。私立院校不直接获得国家资助，但在如美国等部分国家，学生能够申请到助学金补贴学费。此外，许多私立学校依然收费，对外国留学生或非欧盟学生(欧盟的情形)收取的学费更为昂贵。

数字化学习的冒险

1999年左右，许多国家和地区均对新型的远程教育模式表现出浓厚的兴趣。但当时人们关注的焦点不是普及条件受限的学生接受国内教育，而在于吸引来自国外的条件优越的学生，而实质上这些所谓在费用或时间上具有一定优越条件的学生完全可以在其国内接受多年良好的教育(两类人群定位的不准确是该阶段远程教育的弊端，多年后才慢慢显现出来)。导致这一热潮的原因之一是英国和澳大利亚团队发布的无国界教育产业报告(http://www.dest.gov.au/archive/highered/eippubs/eip00_3/slpit.htm 和 http://www.universitiesuk.ac.uk/Publications/Document/Borderless Summary.pdf)。但更大程度上是源于教育理念从局限于“英语文化圈”向“只要我们建立了就会有人加入”的思维方式。此外，当时的互联网尚未兴盛，所有的成功生意模式还仅仅依靠卖力的宣传和噱头，对远程教育市场也未进行及时有效的深入调研。十分巧合的是，正如迪林报告中所预测的，这个时期与首批开放大学成立正好相隔了一代人的时间。此时，人们对开放大学褒贬不一，很多人将其视为陈旧腐朽、无法适应网络时代，只能依靠纸质或电视进行传播的教育方式。

实例之一则是2002年初，经历了前期深入的技术和市场研究才最终成立的英国 e-University。我于2003年初加入该学院，但2004年夏季该学院便被迫关闭。“即便是用数字化学习的要求和标准来衡量，失败的速度也未免有些快了些”(Bacsich 2005)。此时，包括亚洲在内的很多国家都幸灾乐祸的认为“英国人这次总算是栽了个大跟头”，但这项在英国进行的 e-University 推广计划只是众多类似项目失败中较为突出的一个，开办之初过高的期望值和随后英国下议院提出的质询(House of Commons Education and Skills Committee 2005)让该项目成为了关注的焦点。类似的失败项目包括美国的Fathom项目，苏格兰知识大学(后变更为互联大学，但最终倒闭)，荷兰电子大学，开放学习中心，TechBC，U21，网络大学等。其他很多高等院校也相继合并，或由于政治或财务原因纷纷倒闭。

而与此同时，被人们诟病的开放大学却逐步稳健成长为远程数字化学习的主力军，如开放大学、荷兰开放大学、Athabasca大学、马里兰大学学院等。部分倒闭或合并的e-University也通过全新组合方式重获新生，如不列颠哥伦比亚区的开放学习中心和TechBC变更为Thompson River大学和Simon Fraser大学Surrey校区。e-University的失败实际上应归结为其复杂的联盟和公私合作关系，而开放大学均巧妙避开了这两类关系，当然如果联盟管理得当也会促进开放大学发展，澳大利亚开放大学即为成功范例之一。

IT基础

尽管此时的社会热切追捧着数字化学习，将其膜拜成“裹挟着种种弊端却席卷全球的巨人”，学术界对数字化学习对校园的影响更为关切。以下我们将论述信息科技(IT)的相关内容。

尽管部分欧洲高等学院仍需要依赖投影仪等方式完成学业项目，发达国家的高等教育已经走向了IT时代。支持者往往认为这一改变归功于数字化学习，而反对者则嗤之以鼻，但至少从狭义的角度而言，这种转变事实上与数字化学习没有任何关系。这一转变更大程度上依赖的是全球信息化。

学生希望生活学习的校园中能够提供便利的IT设备，计算机房中配备台式计算机，学习中心提供良好的装饰、便利的咖啡和舒适的座椅。据统计，很多学生进入大学的时候就已携带笔记本电脑，不管是在阶梯教室、辅导教室、图书馆、咖啡厅、过道甚至校园附近，越来越多的学生希望能够在校园的各个角落都实现网络连接。无线上网因为其速度逐渐取代拨号网络成为主要的网络连接方式。

同时，学生也希望学校能够提供多种网络设备，方便学生通过网络辅助，完成功课并进行社会交流。CAD、编译器、模拟软件、符号操作系统等特定的课程软件也深受学生欢迎。

教职员工则希望能够在办公室配备个人专用的电脑(或笔记本电脑)。很多员工希望在家使用个人电脑(笔记本电脑或台式电脑)。一旦牵涉到办公条件，即便是思想先进的研究员也会变得极为传统，大家都希望拥有私人的办公电脑。

对于大学而言，要满足上述所有的要求势必要花费大量经费。更糟糕的是，大部分大学都要全额支付该笔费用，但却不能因此削减其他费用(反而需要增加员工工资、福利和非员工支出)。这些在经济状况良好的情况下也许都不是问题，但如今面临经济下滑，这些问题便逐一显现出来。

IT 部门通过不懈的努力才保证了学生和员工能够享用校园内便捷的 IT 设备并与外界保持通畅的网络沟通。即使无线网络较之传统拨号网络更为便宜，很多大学(除去新建学校)都尚无法承担沉重的无线网络费用，因此每当高校校长提出“我们的校园也要提供无线网络!”的时候，IT 部门主管总会心生抱怨。

学生能利用计算机系统进行入学登记、模型筛选、填写时间表等操作，但却无法明确了解高校 IT 部门提供系统管理所需的费用、基础建设等支出。学生直接面对的是虚拟教学环境(VLE)，很多发达国家的高校中均使用了该虚拟教学环境，英语系国家通常使用的是商业系统 Blackboard (或 Desire2Learn)，或更为普及的开源系统 Moodle，其他国家和地区也采用其他商业系统，但 Moodle 的使用率较高。尽管有很多关于“虚拟教学环境”的负面评论或争论，如它到底包含哪些附属系统，如何进行评估，如何进行剽窃检测以及博客和 Wikis 网对其的影响等，但调查显示虚拟教学环境正如火如荼发展着。

那电子邮件的情况又如何呢？IT 部门已经逐步减少通过虚拟教学环境或其他方式提供电子邮件服务，而将该项服务外包至“云层”。曾经为学生提供很多便利的邮件服务系统（员工邮件系统则独立设计），现正逐渐被 Microsoft 或 Google 搜索引擎所取代。

教育学

在此我们返回至之前谈及的教育学，即在 2000 年初尚未实现的教育改革。

数字化学习的支持者认为数字化学习的改革缺乏清晰的长期目标，且在改革方向上缺乏一致性。

推崇数字化学习的人们往往并非在高校任教，或者即便在高校任职，也并不接触实际教学或担任管理职责。他们认为即将到来的非正式教育占主流的时代中，数字化学习将向去机构化方向发展。我对上述愿景的唯一异议在于对中间状态的展望，即在“现在”和“即将到来的未来”中间的空窗期如何填补？事实上，建立英国 e-University 之初，研究人员就已经对此进行了大量深入研究，并探讨了多种可能存在的教育形式（Pricewaterhouse Coopers 2000）。而此时，类似的论调又开始在英国和新西兰等国家开始盛行，与之相对的是私人赞助和开放教育资源（OER）大学（OER 大学 2011）。但政治家和研究人员一样，同样不习惯于从历史经验中吸取教训。

教育改革的主流人士认为数字化学习越来越趋于普遍，他们认为“学习”这个概念本身已经包含了“电子化”的元素（http://www.slidedshare.net/ranhgill/theres-already-an-e-in-learning）。他们希望能够尽快解决数字化学习和那些推崇数字化学习的人们的问题，免除他们对于教育的担忧。

远程教育乐观主义者则认为随着数字化学习的推广，远程数字化学习将从高校教育的“底层”一跃而起，直至将实体高等教学取而代之。但事实上此类事件并未发生，同时，现有的高校管理层也并不希望因此最终失去自己的工作。与之相反，尽管压力重重，数字化学习和远程教育正坚持在校园中逐步发展(http：//en. wikipedia. ord/wki/Ascension)(Stargate ♯Ascension)。由于市场驱使或支持者因素，远程教育得以存在，但一旦预算超过一定界限，远程教育就会引起高级管理层的注意，反对力量也会起来阻止远程教育的发展。

当入学率达到1,000人的时候，远程教育主管教师的离开或团队无法持续对学生课业进行审核等因素将导致入学人数的进一步增长减缓，甚至倒退。其他英语系国家，尤其是美国和澳大利亚，则在远程教育的持续性管理方面表现较为突出。即便如此，在同一所高等院校中保持在校教育和远程教育的平衡也并非易事。在瑞典，一些高等院校院长则表示学院中存在“过多的”远程教育(http：//www. hsv. se)。

上述的争议表明学校高级管理层仍将数字化学习视为问题而不是解决问题的方式。在校教育依然是实现高等教育的主要途径。

这些观念的重要性远远超出了对教育学本身的讨论。实际上，从20世纪90年代开始，“隐性教学共识”开始在英国和美国传播，并逐渐扩展到大部分西方国家和其他以西方教育模式为样本的国家(Bacsich et al. 2010)。人们称之为“保守的建构主义”，其具备以下特点：

1. 内容重要，但“内容并不是关键”。

2. 学生之间的协作很重要但需要为他们设定起点并建立框架。

3. 与教授的互动很重要但需设定基本准则，尤其针对在线教学。

4. 保持不同步的在线互动(即公告栏形式)，以适应学生和教职员工忙碌的生活习惯。

5. 必要时同样需要保持实时的沟通和交流。

6. 根据时代变化调整内容(如曾经使用博客，如今则使用播客)。

很多基本的原则源自 Chickering and Gamson，Ehrmann 对其进行了进一步加工阐述(Chickering and Gamson 1996)(如今很少有研究学术的人员阅读上述文献)。

学术界对于教育的细节和方式争议较多，但正是因为这些争议，才进一步推动了教育的改革和发展。很多高校的教师虽然在教育实施方面有一定自由权，但依然受制于基本的教学方式和教学进度要求。

博客和 wikis 的推崇者不曾料想到其在教学中的巨大作用，高校管理层唯一担心的是过多依赖网络可能导致的课业品质下降。作为一种新型的网络技术，播客对管理层的潜在影响更为重大。

尽管视听设备已在教学中长期发挥作用，但这一传统的方式费用较高，包括使用远程教学的大学在内的许多高等院校因此逐步削减了视听部门，导致数字化学习可能再度成为无声练习，更多需要依靠学生的阅读能力。而对于很多使用第二语言进行学习的学生而言，无疑更是难上加难。播客的出现恰好解决了这一矛盾。尽管多年以来业界充斥着对教育视频和音频的批评声(“内容太长”“内容扁平化”“内容不丰富”等)，但播客的出现极大发挥了这些简短实用的语音或视频片段的作用，能够为学生提供及时、人性化的不同交流方式。播客可作为 iTunesU 的输入内容，如果该播客视频记录的教授具备良好的个人魅力，一旦获得公众的认可，则能够极大提升高校品牌的影响力并带动学生入学和赞助人数量的提高，因此高级管理层对此十分感兴趣。

当然播客的概念并不新颖，20 世纪 80 年代，我就曾不顾 BBC 的反对为开放大学录制磁带。伴随着 MP3 播放器和 iPod 的出现，这种传播的方式迅速推广开来。

发达国家正盛行将授课以播客的方式进行流通传播。许多大学已经将原有的模拟视频记录系统替换为现代化的数字设备，使完整的授课内容以数字化的形式记录下来。如今，授课以播客的方式流通的情况正成为潮流，学生已然成为教学的消费者，快捷便利和实用性成为他们进行选择的首要标准，所谓的教育理论和生产力都被抛之脑后。

图书馆及使用者

在 21 世纪的高校，图书馆逐步向两个方向发展：

1. 以学习中心为发展方向。较之被台式机充斥的电脑教室，现在的图书馆能够为学生提供更为舒适的学习条件，学生能够单独使用或以学习小组的方式通过电脑进行研究学习。

2. 发展成为综合性的电子图书馆，提供各类网络软硬件设施。

图书馆的使用者素质也在不断进步中，年轻的全日制学生习惯了使用个人电脑和手机设备，并已经能够熟练掌握文字处理和浏览器的使用。但对于包括接受远程教育在内的非全日制学生，尤其是学习条件较差的学生而言，他们使用电子化设备的能力则较为薄弱。很多非全日制学生的年龄偏小，如在开放大学，非全日制学生的平均年龄为 30 岁(开放大学 2006)。

我的儿女现在已经都 30 多岁了，和其他同龄人一样，电脑的发展陪伴了他们整个童年，他们曾相继使用过 BBC Micro，Mac 和个人电脑。但包括很多教授在内的成年人，却是在成年以后才开始学习使用电脑的。

由于信息资源电子化进度的提高和图书馆使用者使用方式及需求的改变，英国、美国和澳大利亚的图书管理员已经比学院中的其他人更快速的适应其职能的转变。由于网络科技的快速发展，他们甚至在一定程度上认为“图书馆”的职能可能已经大大降低了。

图书馆 2.0 指代的是“改变服务传递模式的现代化图书馆服务。该模式以使用者为核心，根据使用者需求进行图书馆服务的调整。这一理念源自商业 2.0，网络 2.0 及类似模式，包括使用 OPAC 系统的在线服务和使用者的信息传递至图书馆”（Chad and Miller 2005）。

来自英国和其他国家的相关研究不断为图书馆 2.0 模式框架提供充实的内容（Adamson et al. 2008）。此外，很多图书管理员也积极通过博客、wikis 等其他网络 2.0 模式手段更好的追踪和获取用户反馈。甚至出现了一些改革性的图书馆 2.0 系统，包括 Evergreen（http：//open. ils. org）在内的开源系统逐渐成熟，并对传统的图书馆管理系统形成了冲击。

图书管理员并不单纯依靠网络化提供服务，对于一些无法提供电子版本的资料，他们依然能够根据使用者需要提供邮寄、扫描等传统服务。一项对开放大学的调查表明，很多远程教育供应者依然需要将资料寄送或扫描给国内甚至国外的学生。

国际化

发达国家的高等院校中聚集了大量外国学生，这些院校总是想尽办法改进院校内或网络授课内容，使其更具国际化内容，以此吸引或留住更多的海外学生。

不管是时代评选出的高校 200 强（http：//www. timeshighereducation. co. uk/world-university-rankings / 2010-2011/top-200. html)，还是提供远程教育的高校，他们都希望尽可能多的吸引来自全球，如美国、马来西亚或中国等地的学生。国际化正日益渗透入各个大学。而主要的开放大学已经就该领域进行了近15年的研究。

但国际化对很多高校而言依然是一门新的课题。大部分高校在课程设置时依然以吸纳国内学生为目标，但随着越来越多的海外学生接受在校或远程教育，高校和政府意识到向海外学生收取高额的学费也并无伤大雅时，国际化显然成了新的发展方向。

令人欣慰的是，由于高校授课语言本身就具有其民族或区域特点，因此将课程内容设置得较为国际化并不是件难事。(鉴于英语应用的普遍性，使用英语授课的效果往往较为显著)。

但数字化学习只是引发国际化变革的众多原因之一，而并非直接的解决方式。与数字化学习的发展道路相仿，多语言的网络环境也随之蓬勃起来，成为教师进行广泛研究的基础。多语言网络环境中英语占的比例越大，就越能辅助教师的深入研究。

研究

20世纪80年代，即使是在进行远程教育的高校，教师研究和授课的IT系统是完全独立的。此后的30年里，伴随着这两部分系统的缓慢融合，数字化学习模式逐渐进入了人们视线。

20世纪80年代早期，图书馆研究系统由专门的图书管理员进行管理，研究人员(至少在文献研究方面)通过该系统进行目录检索，然后再进行进一步的书本阅读和日志研究。远程教育则主要依靠学生提交书面作业内容，而后进行打印，或组织电视电话会议实现与学生的互动交流，在校教育则以投影仪为主要教育手段，部分教师能够使用电子邮件但学生尚未享有该权利。

到20世纪80年代后期，Apple Mac和Windows个人电脑开始应用于资金雄厚的大学中，但此时也主要只有教职员工或部分参加远程教育的学生才能使用。桌面展示和 Word 成为使用的主流，当然很多 Mac 电脑的使用者还是习惯于 MacWrite 方式。更多的教师逐渐开始使用电子邮件，资深教授或管理层则使用较少。部分高校的远程教育学生能够使用特定的电子邮件和公告栏系统。教师开始使用 PPT 教学并通过 Word 输入论文，但部分技术和科学领域的教师则选择使用 TeX 和 TROFF 进行论文输入(可能是为了与他人进行区分)。

到 90 年代早期，伴随 FirstClass 系统的盛行，公告栏已在教学中广泛使用。专家们可能听说过万维网，但没有人能料想到它能够如此迅速的普及开来。大量使用公告栏和 CD-ROM 的教学方式成为主要手段(至少已经很少使用 Gopher 设置在线课程)。关于建构主义(注重交互作用而忽略内容)的讨论也兴盛起来，人们关注的焦点在于建构主义到底是导致内容体系贫乏的原因还是后果。

多年以来，很多机构和人员都纷纷为促成教师和学生两大系统的融合而努力，但成效并不明显。如在开放大学，FirstClass 系统成为教师的邮件系统，学生和教师能共同使用公告栏系统，因此能够促成两者思想的一致。与之相对的是，1997 年我将 FirstClass 系统向某高校推广为邮件系统，但由于管理人员并未使用该系统，最终导致在我离开后不久，高校就取消了该系统。

直到 90 年代末期，网络的作用才逐渐显现出来，虚拟教学环境(VLE)也渐渐开始得到认可。教师和学生都十分认可网络的作用并将虚拟教学环境视为适用于学生不得不用的系统。尽管虚拟教学环境普及甚广，但由于其并非学生自愿选择的系统，因此，时至今日，依然有许多抨击的言论，希望实现后虚拟教学环境。

此时，数字投影仪得到广泛应用，教师也不再需要携带众多备份的幻灯片。但这也并非万无一失，曾经有一次我从新加坡匆忙赶到澳大利亚昆士兰进行授课，但始终无法将手提电脑与数字投影仪连接上，即便听众中一名远程教育的教授朋友上台帮忙也无济于事，来自听众席不耐烦的讥讽也让人尴尬不已。

到2000年中期，教师和学生两大系统的融合更为显著。大家都习惯了"网络搜索"，Google也一跃成为主要的搜索引擎。较之专用的图书馆检索系统，教师更倾向于使用Google进行快捷方便的查询。调查显示，越来越多的教师和学生一样，无法通过学习Google Scholar、Boolean等检索方式进行复杂的检索（Rowlands and Fieldhouse 2007）。此后，包括博客、wikis和播客在内，尤其是Wikipedia的多种网络2.0时代技术手段在全球普遍应用，而此时，教师已经远远不能赶上时代的进步。很少有教师能够就"我如何学习掌握Wikipedia"进行详细阐述（Chandler and Gregory 2010）。

至2010年初，这两大系统的融合才初步完成。融合面临的鸿沟主要是专业化社交网络（如LinkedIn）和Facebook。越来越多的教师和其他行业人员发现需要将很多原本不是朋友，甚至是商业伙伴的人添加入Facebook联络人名单。社交网络延伸和集合的需求是导致该后果的原因。但教师仍然无法摆脱陈旧观念的影响，如教师是否适宜将学生加为Facebook好友？如果要彻底改变这些旧思想，教师就应该从根源上摒弃师道尊严的观念。总之，如何平衡教师和学生之间的关系是值得思考的问题。

虚拟教学环境（VLE）是教师和学生这两大体系融合的难点之一。有人曾试图将虚拟教学环境（VLE）发展提升为虚拟研究环境（VRE）但均遭受失败（http://www.jisc.ac.uk/whatwedo/programmes/vre.aspx），业界也对虚拟教学环境是否适用于21世纪的高校进行了讨论。但理论的探讨终究无法替代实践的效果，脱离Facebook，Google等Web 2.0方式而单独存在的虚拟教学环境势必无法激发学生的兴趣，市场的需求和如何自我调整以适应市场竞争才是需要进一步探讨实践的。

市场

数字化学习对高等教育的市场影响是什么？显而易见，数字化学习促使市场竞争更为激烈。

首先，尽管在过去 10 年间，很多 e-university 都宣告失败，但远程教育逐步占据了很多大学教学的一部分，包括原本属于非开放大学或对远程教育关注不够的高校。尽管我们距某些 GATT 理论家设想的“全球远程教育的免费市场”尚有距离（http://www.wto.org/English/tratop_e/serv_e/education_e/education_e.htm)，越来越多的高校正吸纳着更多来自海外的学生。

这一现象不仅出现在英语系国家，在全世界其他国家和区域都已出现，包括西语系国家（UNED，UOC 等)，阿拉伯国家（如阿拉伯开放大学在七个国家开办)，荷语国家（OUNL)。吸收海外学生的现象在中国由来已久(但内地学生在香港学习是否属于该类别尚需确认，而台湾地区则并未推广远程教育)。至于葡语系，俄语系和法语系国家的情况则不得而知。

据此，似乎只有在英语系国家才存在大量接受非母语远程教育的学生。但即便同属英语语系，不同国家也存在差异。如英国高校很少能吸引北美（出于文化因素：开放大学的 USOU 分校远程教育不成功)或南美(出于语言因素)的学生，而更偏向于加勒比海地区的学生。反之，可能是因为英国开放大学的垄断性地位，去往北美求学的英国学生数量也十分稀少。

但我们需要清楚地认识到，这一改变并未动摇高校的基本特质。

西方高校也曾经历过应政府要求，提高海外学生现场面试入学的数量的阶段，但日益严格的签证制度和上涨的油费已使这一要求越发难以实现。

其次，迫于入学率指标，越来越多的大学扩展了其受托区域(学生在指定区域就学)，公开或私下提供数字化学习(后者居多)。尽管授课录音、网络资源和在线互动等技术手段主要提供给非全日制学生，但全日制学生在权衡是否要在校园进行学习的时候，会将这些便利的远程学习方式考虑进去。

值得注意的是，教育市场并不是由收取学费的高校所控制，竞争实际上主要来自教育主管机关提供的份额及相应的扶持资金。因此即便是在免收学费的国家(如瑞典)，对学生资源的争夺也十分激烈，高校往往通过学生的要求来左右教育主管机关的决策。

资助

随着时代发展，提供免费高等教育的国家越来越少，即使是面向本国学生的免费教育也日渐减少。在欧洲，这种缓慢推进的趋势也较明显(http：//ec. europa. eu/youreurope/citizens/education/university / fees /index _ en. htm)。另外一个较显著的趋势则为即便越来越多的高等教育机构开始向非欧盟学生收取全额学费，入学人数仍不见减少。英国高等院校已经按照此模式经营了数年，近年来丹麦和瑞典也开始使用该模式。在可预见的将来，该模式巨大的市场效应必定会使更多国家纷纷效仿。

当然这一切不能简单归结于数字化学习的影响，巨大的社会变化和经济富庶时代的衰退才是更本质的原因，但数字化学习确实也为求学者选择就学地址提供了便利条件。人们曾经习惯于在居住地附近接受教育，但许多人口稠密的欧洲国家并不存在所谓的“当地院校”。例如我的出生地 Sheffield 拥有近 55.5 万人口，按惯例则应该设立两所高等院校。的确如此，距离我家 30 分钟车程内就有 Sheffield 大学和 Sheffield Hallam 大学两所不错的院校。但在距我家一小时火车车程的曼彻斯特就能找到其余两所大学，一所位于 Derby 的大学，Leeds 则有两所高校，我甚至可以开车在 Huddersfield 找到合适的高校。我当然也能够选择在 Sheffield 学院或 Chesterfield 学院就学。因此，对于生活在 Sheffield 的适龄全日制学生而言，上述都是可供选择的高校，而非全日制学生的选择范围就更广了。

根据英国高校教职员工居住地址显示，数字化学习的出现也影响了很多全日制教职员工，他们不再像从前一样需要全天在校工作。

在一些国家，依然存在着对高等院校的大量资助情况，但资助的方式往往值得关注。事实上，欧洲的许多国家如丹麦、瑞典，澳大利亚、新西兰和美国的很多州都使用或考虑使用基于绩效的资助方式(研究结果至今保密，可参看 Jongbloed and Vossensteyn 2001)。这一资助方式并不仅仅考虑在校学生人数，更会综合考虑课程完成情况，学生反馈及其他质量考核方式。一旦该种资助方式在发达国家推广开来，无疑将为学术界带来巨大变革。

质量和规范

上述章节论述的均为公立大学的情况，而在很多国家开办的私立高等院校很多偏向于商业性质。近来，美国和英国开始关注此类私立院校的资质问题。在美国，私立院校一旦获得政府资助，学生就能够获得政府提供的学生贷款补助，这一举措也将在英国逐步推广(在一定限制条件下，如确保学费低于一定额度)。

拥有私立院校的国家一般都设立有资质对私立院校进行认证的机构。与未建立任何规范要求或直接通过政府管辖的方式而言，第三方认证机构的建立是国家规范私立院校更为有效的手段。但即使通过认证机构的认可，私立院校也应当建立有效的质量管理体制来保证长期运营。

此外，政府部门同样关注公立院校制度。鉴于很多国家或区域性质量监管机构往往由“来自高校的人员”管理，越来越多的学生、父母和相关专家(包括英国下议院创新、大学、科学和技术委员会，2009)对高校自治产生了质疑。尽管学生仅仅是高校发展质量体系中的环节之一，来自学生的建议和观点却是弥足珍贵的。

高校质量是全球很多政府衡量高校品质的标杆之一，因此很多国家也在逐渐改进高校质量管理体系。很多拥有独立远程教育体系的国家，如亚洲等地，也逐步开始改进、提高和落实远程教育院校质量管理体系(Jung 2007)(这一改进与广泛意义上的质量控制并不一致)。

但除特例外，很少有类似的质量管理体系考虑数字化学习的因素。(事实上，没有任何一个类似体系考虑任何非标准化的教育形式，如在工作地或海外高校接受非在校教育)。当数字化学习仅作为授课方式之一或非主要授课方式时(如电子书取代纸质书)，人们尚能接受，但当数字化学习成为远程教育的主要方式时，人们对其就并不那么信服了。

很多学者和机构都试图解决上述问题，但均告失败。失败的原因可归结为以下三个方面：数字化学习质量尚未成为国际机构的研究范畴；政府尚未充分认识数字化学习的重要性；参与高校和国家机构质量认证的人员大多偏保守。

近年来较为成熟的探讨数字化学习管理体制的实践案例是瑞典国家机关提出了一系列导则(Högskoleverket 2008)，尽管远程数字化学习是瑞典学生接受高等教育的重要方式之一，但由于政府机关的变更导致导则并未实际落实。

数字化学习在英国的发展则不尽相同。1999 年，英国质量监管机构发布了一系列远程教育导则(QAA，1999 年发布，2010 年更新)，但伴随 2000 年早期兴起的数字化学习，上述导则被迅速淘汰了：事实上在该导则修订前的 2004 年，英国 e-university 就已经由盛及衰。由专家组成的特殊利益团队曾对导则进行大范围修改，并出具了相关报告，但该报告却并未得到质量监管机构的重视(QA-QE特殊利益团队 2010)。

由欧盟资助的一系列欧洲项目同样对上述案例进行了分析并提出了建议措施，但由于欧盟并无权裁定欧盟国家质量监管机构落实其建议，各国质量监管机构有权否决来自欧盟的任何建议措施。

在公立或私立教育提供商并存的全球化环境下，我认为应该由非政府认证机构制定和建立长期的教育导则。美国认证机构的运营模式值得借鉴：按照国际标准认证商业院校；为基本的数字化学习制定一系列标准方法论体系(在英国，美国，澳大利亚，新西兰并通过部分欧盟项目)，这些方法论体系部分来自国内赞助，且并不依靠任何国内质量监管机构的协助(Bacsich 2009)。和上述体系一样，所有现代的基准体系都需要采纳和考虑来自学生意见和建议。

学生

上述所有章节均反复谈到了学生——这是应该的，但是，关于学生行为的一个关键方面还未谈及——改变学生对版权的概念。学生不能理解也听不进去关于视听资料的版权问题，这对于抵制盗版剽窃的人员而言尤为棘手。

高校最关注的问题莫过于剽窃。历来的学术剽窃案例显示，该行为表面上与学生和导师相关，实质上却植根于学生管理体系，甚至学院管理层及以上。剽窃是学校最为忌讳的行为，一旦发现，必定会被开除。当然，只有在确凿的证及严密的审核基础上才能认定剽窃行为。

我们需要区分各类剽窃的辩词，如“这个学生背景知识比较弱，不了解这样做是错误的。”(我们是否告知过她?)或“那个学生所处的文化环境尊师重道：引用教师的东西是对教师尊重的表现。”(教师要真处在这样的文化环境中确实不错，但并不能将其作为剽窃行为的辩解)。

近来，一名资深的教授指出："所谓的剽窃本质上是惰性"(Jenkins 2011)。那如何避免剽窃呢？除了学生需要学习区分学术文化中的比较、引用等，关键并不在于剽窃检测，而在于避免剽窃。

剽窃检测指利用软件工具将文章与资料库及网络内容进行比对识别，但这种方式只局限于文本内容，因此对于数字化学习完全无济于事。当学生提交纸质版文件，且教师因为学生数量增长而无暇顾及每一个学生时，剽窃行为就很难被及时发现。实际上，当学生提交电子版文件时反而容易进行剽窃检测，即便他们修改个别文字句段，也很难不被发现。

避免剽窃的关键在于保证学生提交需要"键入"的文件，且该文件不易被其他人所引用。例如，一项有关网络的国际远程教育作业的要求为"请描述当地通信供应商提供高速宽带服务的壁垒及相应的解决措施"。由于参加该项课程的人数较少且分布较散，很少有超过一个学生来自同一个地区，因此能保证该项作业的唯一性。

提供具有地域特色的作业有很多优势：作业形式更为新颖，更贴近生活，更重要的是，如瑞典皇家理工学院(KTH)所言，更符合国际化要求(Carroll and Zeitterling 2009)。

总结：院校持续发展

本论文的题目可以理解为"数字化学习对 21 世纪高等院校的影响是什么?"，我们的答案可能是"影响不大"，但我认为"这就是问题所在"。

对于排名靠前且拥有众多优秀学生的著名高校而言，高校校长无需过分关注或制定相应计划就能够为在校和非在校学生提供大量数字化学习条件。雄厚的资本和文化的积淀使得经费或课程设置并不会成为重大的问题，当然提供优秀的数字化学习相关服务也离不开出色的负责人。

批判更多集中在以营利为目的的远程教学高校，这些高校虽然能够提供有效的远程教育且具有一定经验，但却往往缺乏作为高校必须具备的研究深度和专业度。他们能够保证提供有效远程教育的原因是否仅仅因为他们不需要像全日制高校一样提供所有的教育服务？

另外一些不知名的高校则往往吸纳非全日制在校学生和远程教育学生，重视教育条件较差的学生，并通过海外学生攫取额外的费用。但伴随教职员工的离开和政策导向变化，这些高校的数字化学习往往盛极而衰，导致学生纷纷离开，陷入资金和重组的泥潭。

开放大学也有类似经历，也只有部分大学能通过平衡研究、奖学金、教育和服务进行有效管理。在全球每年的新建高校中，仅有极少数提供远程教育，而包括培训在内的其他部门却都已迅速进入网络化时代了。

高校往往因为其从诞生之初就缺少变更而饱受争议，我们似乎需要更多的人类学家深入研究为什么我们不顾投入和产出的相关研究，需要固定花费四年（或三年）的时间才修完高校课程。每当被问起“为什么学生需要上大学”的问题时，我最聪明的研究助理这样答“交朋友啊”（http：//en. wikipedia. org/wiki/Summer _ of _ Love），并辩称至少需要花费两个夏季才能谈成恋爱（具体原因则不得而知）。

根据我个人粗浅的观察发现，高等院校确实进行着缓慢的变化，但教育体系中的人却尚未察觉。从我 1972 年在牛津大学直至 1996 年到 Sheffiedl Hallam 大学，中间间隔了 24 年，我重又回归到使用电脑、投影仪和电子邮件，而不再使用打字机、黑板和传真机的生活，但高校教育的课程安排、监管和部门规章制度都不曾有变化。1977 年至 1988 年期间，我曾任职于开放大学运营部门而非课程研发，当我返回开放大学时，除了学术生产力下降以外，其余的基本未改变(见 Stakhanovite 的"每年授权模式"— http://www.soviethistroy.org/index.php?page=subject&SubjectID=1936stakhanov&Year=1936)。

唯一缺失的是制度建设，但如何实现则不得而知。我曾倡导的将教育提供者拆分并划归地方的理论甚少有人支持(Bacsich and Pepler 2009)。得益于较为雄厚的私人资本，类似的模式在其他地区则较为普遍，而由于欧洲独特的民族性或庞大的人口基数，进行推广则较为困难。

欧洲正进一步推进教育制度改革，不再仅依靠学生为核心。当我们进行虚拟校园的分析项目时，我们很少使用"失败"而改用"结束"(http://www.virualcampuses.eu/index.php/Ceased_E-Learning_Initiative)。学生可能在课业上遭受"失败"，但向学生提供服务的"系统"不能失败。在开放大学，我们经常会说"不能以学生为试验品"。要在21世纪进行彻底的教育制度改革以更好地为学术界和学生服务，值得考虑的不仅仅是应用虚拟学习环境！

注：

涉及的所有数字化学习缩略语可参见虚拟校园/学校网页：

http://www.virtualcampuses.eu/index.php/Main_Page

第十章　体验式学习的可持续模式

Rosie Le Cornu

第七章中 Kingsley 就 Ngawana 和 Liu 提出的全球化和国家化理论转化为实践进行了阐述。本章节将进一步探讨体验式学习是否能够以及如何与高等教育相结合。我们关注的重点在于师范教育，包括：教师如何工作，可能出现的问题及相应的解决方式，学生如何充分有效地利用各种机遇。如果要继续保持高等教育在全社会中的较高认可度，我们需要重视接受高等教育的人群并致力于发展社区一工作一教育三者的合作关系。

背景

体验式学习被业界公认为是提交学生学习积极性的重要手段。高等教育中的体验式学习即为“提供课堂以外的学习体验，并将校外活动与学术项目相结合”(DeGiacomo 2002：245)。此外，体验式学习也被称为“基于实践的学习”或“融入工作的学习”，注重实际工作中真实且相对活跃的学习。体验式学习的方式很多，如工作实习、实地考察、留学或社区服务等。其中，工作实习一直以来都是很好的教育手段之一。Bullough 和 Russell(2010)曾这样表述：

工作实习是师范教育的必经之路，是教师筛选的重要条件之一。

很多关于师范教育的文献和报告都将工作实习列为师范课程重要的一项内容(如 Ramsey 2000；Darling-Hammond 2006；Zeichner 2010)。尽管专业训练是初期师范教育的重点，但工作实习也被认为是相当重要的环节之一。本论文将针对南澳大利亚大学研究的新型师范教育实习模式进行论述。

澳洲及全球其他地区的师范教育实习均面临着严峻考验。伴随“社会的不断发展”(Clandinin 2009)，师范教育本身就经受着很多考验，并处于学校和大学教育环境变化的风口浪尖。Clandinin(2009)就曾提及全球化、难民流动、移民潮、经济发展失衡和环境变化对教师及教师工作的影响。此外，她也同样与其他作者(Smyth et al. 2008；Bloomfield 2009)指出国家政策对教师直接或间接的影响，包括：课程框架和教学进度，教师资质和绩效管理，国家标准，国家标准测试，行为管理，本土教育等。更为激进的言论则认为教师比其他专业性团体更容易受政治体制的影响(Smyth et al. 2008：112)。伴随着科研和国际化要求的进一步提升，如今的教师工作更具复杂性和挑战性。同时，教育工作者也希望教师的言行举止符合专业水准并具备较高的责任心(Bloomfield 2009)。

随着社会环境的变化，教育从业者不再能够长期坚守曾经的选择，很多初涉教育行业的教师在刚开始的五年内就纷纷离职(Ewing 和 Smith 2003；Moon 2007)，同时涉及教育行业职业道德及行业待遇的问题也层出不穷(Gu 和 Day 2007；Hammond 和 Churchman 2008)。近来，很多职前教师纷纷离开初级教师培训项目(Chambers et al. 2010)。对教师工作状态(Hargreaves 1998；Isenbarger 和 Zembylas 2006)及教育工作者工作(Hastings 2008；Le Cornu 2008)的关注也进一步显示“教育环境的变革”正逐渐影响着师范教育。正是因为师范教育的岌岌可危，我们才需要更加重视体验式学习这一可持续的教育模式。所谓可持续，即能够承受普通学校和大学变革所带来的冲击，并满足现有或未来对教育的需求。这一模式强调了教育的关联性，并更侧重教育行业与外部环境的相互关系。

本论文首先介绍澳大利亚背景知识，并介绍由南澳大利亚大学研发的学习社群模式，同时探讨该模式的有效性并阐述其可持续性的要素。论文将就该模式对政府、教育体系、师范教育者及教师的影响进行总结。

概述

澳大利亚师范教育调研(2007)显示，教师实习仍然属于较为棘手的问题。

在过去十年中，几乎所有的教育调研报告中均涉及了教师实习问题，此次调研同样发现了类似问题。我们应该组织教育体系中的主要相关方和参与人员，立即采取相应改革措施。(澳大利亚联邦议会 2007：73)。

事实上，进行大规模的改革不是件容易的事。在过去的几十年中，大量研究和政府报告均提及了教师实习问题，包括澳洲在内的很多国家因此开展了多次师范教育项目，这些项目涉及了师范实习改革并探讨了加强初级教师及参与者互动的方式。教师实习的问题包括：人员调配，课程设置，教育方式，学校分配和监督，在校和在职师范教育等(Vick 2006)。Cochran-Smith(1991)表示美国院校正通过对教育持续时间、教育要求、监督方式及师范教育与高校课程/研讨会关系的改变来“重新定义实习教育”。Dobbins(1993)也意识到澳大利亚也正经历着类似的变革，传统实习教育和监督的改革带来了更为民主的协作模式。同时也出现了很多关于解决教师实习问题，提高职前教师能力相关的研究项目。即便如此，问题依然亟待解决。Bullough 和 Russell(2010) 表示：“围绕实习存在很多问题：由谁评估职前教师？实习期的长短如何界定？什么时候开始实习？由谁选择指导老师？高校在实习监督中起到什么样的作用?”同时，他们也质疑：为什么经过长期改革后，师范教育依然固守着旧有的实习模式?

重要的原因之一是在职教师不愿意接纳职前教师。对此，澳大利亚最新的“举措”是号召“相互合作”。师范教育中的“合作”概念并不陌生，文献和政府报告中均对学校和高等院校的合作进行过阐述（如Bullough和Kauchak 1997；Goodlad 1988；Peters 1997；Yeatman和Sachs 1995），业界普遍认为两者的合作能够提高职前教师的能力。因此，在过去的十年间，越来越多的相关研究项目在特定资金的资助下蓬勃发展，如美国建立了教师专业发展学校以支持职前教师和在职教师的发展。根据提高教育水平的国家合作协议（COAG 2008）要求，澳大利亚也在逐步推广该合作模式。尽管人们预期该模式将对促进学校和高等院校的相互关系起到积极作用，但此时对其进行定论尚显过早。White等（2010：183）指出“澳大利亚师范教育的改革是对‘合作’模式的不同阐释”。一些改革依然沿袭旧有模式，即由高等院校提供理论依据，普通院校进行落实；另外一些改革则更具有时代意义。下文将列举其中一种“特殊模式”进行论述。

模式：学习社群

理论基础

南澳大利亚大学教育高校尝试在学习社群的理念指导下进行教师专业技能训练。过去十五年间，专业教育积累了大量经验并形成了系统概念，学习社群模式则基于该系统概念（Le Cornu和Ewing 2008）。该模式认为“能够通过大量学校和院校实习可提高个人能力”（Meere 1993），只有专业的训练才能指导实践。这些都与典型实习（Mule 2006：216）中“彻底浸濡”或“放任自流”的理念完全不同（Britzman 2003；Darling-Hammond 1994）。“典型的实习”指教师首先从师范高校获取相关理论知识，然后在经验丰富的教师指导下进行教学。这一传统的实习模式更侧重培养教师的教学技法，而忽略了教学过程中的随机应变或培养互动的学习氛围的能力。

支撑学习社群模式的是社会建构主义观点，即教学过程应该能够“引发互动性、积极性和协助性，而非被动接受”(Bruner 1996：84)。这一观念源于 Lave 和 Wenger(1991)以及 Wenger(1999)的著作，他们认为学习社群是参与固定学习流程的人们形成的网络。这种观念与最新的教师专业技能发展和学校改革报告中提及的未来教育发展趋势不谋而合。针对教师技能发展和校园改革的研究均是为了进一步提高在职教师素质(McLaughlin 1997；Peters 2001)。在这样一种相互促进的互利社群模式下，教师能够很快“摒弃旧模式而迅速掌握新技能”(McLaughlin 1997：84)，从而形成具有鲜明个人特色的教学模式。

此外，综合理论和第三维度理念也是学习社群模式的基础。这些理念均认为多方面、多角度的汲取不同层面的知识才能促进人的全面发展(Bhabba 1990)。Zeichner(2010)曾呼吁通过第三维度理念指导职前教育，“通过高的师范教育、师范实践和专业知识的有机结合，进一步提高教师素质”(2010：92)。学习社群的出现正为多种不同形态的互动、交流或体验方式提供了有利的条件。在学习社群模式中，专业技能的合理安排和不同参与者的角色分配应当得到进一步改善。

本章节将以两年制小学教师教育硕士项目为例，进一步说明学习社群模式。此类项目参与者一般在 70 人左右。(学习社群模式也在本科教育项目中应用，参与人员一般为 200 名)。硕士教育第一年的学习内容包括两门专业技能课程。每门课程均包含一系列在校研究，一项在线学习内容及实习。第一门课程设置了四天基础训练并有两周休息，第二门课程时长六周，包括六天基础训练及四周休息。两门课程均在同一所院校开展，以便学习者拥有足够的时间培养并巩固与在职教师的沟通，并能够完整参与学期教学学习与体验。

术语和角色改变

首先改变的是对师范实习这一工作经验的描述。我们用“专业经验”代替了“实习”。Ramsey(2000：61)特意提及了这一改变的重要性：

师范教育中应将实习的概念转变为专业经验，师范实习应与师范实践和学术研究相结合。

负责监督的老师也被称作“实习辅导教师”，后演变为“同辈实习辅导教师”或“高校实习辅导教师”等。这一称谓更多强调的是相互关系，正如 Aways 等(2003：46)所强调的“实习辅导教师指导并非按部就班的知识传授，更注重教授者和学习者两者的关系”。

“实习教师”的称谓也被“职前教师”所取代。这些称谓的变化旨在转变职前教师和实习辅导教师的观念，通过教与学的重新定位，提高职前教师的能力。

专业课程结构调整

为促进在校或在线学习更贴近在校学生或教师，师范专业课程结构也进行了调整。传统的师范实习模式为职前教师学习大量专业知识，然后接受专人监督。而在新的师范专业技能团队中，每门在校课程向约 25 名学生开放，授课教师对学习小组的授课、学习和评估负责，在职前教师进入学校前提前培养学习社群氛围。职前教师进入学校后往往组成 6—8 人的小组，因此能够进一步拓展已建成的学习社群。而在传统的模式下，授课教师往往亲自进入学校授课，对职前教师一无所知，而职前教师之间也互不熟悉。此外，部分学校的职前教师一般数量较少，也不利于社群的形成。

师范专业课程的结构调整也为职前教师提供了更多互动性很强的学习机会。他们能够相互监督，相互学习。时间和距离虽然是阻碍双方沟通和交流的主要障碍，但通过其他方式，依然能够实现相辅相成，如通过结对组合方式使参与者互为朋友，彼此能够听取对方对授课的意见和建议，摆脱了仅依靠实习辅导教师指导的单一模式。另一种方式则是“学习圈”，即职前教师在课余时间进行专业技术交流。在进行第一门专业课程学习的时候，职前教师就被告知要求参与学习圈的活动，不仅学习他人的长处，也能为他人指点迷津。

新监督方式：推广学习合作关系

对学习社群的重视引发了监督方式的变革。尽管师范院校一再强调要加强学校和高校的关系，但监督方式与之背道而驰却是不争的事实。正如 Martinez(2004)表述的，高校监督人员总是马虎了事，“自以为是”，容不得半点批评却不愿意自省。伴随学习社群的崭露头角，监督的重点逐渐转向促进“学习合作”关系的发展。学习合作关系根据不同学校而有所变化，但所侧重的依然是通过促进关系发展，经验分享以提高职前教师的技能，由此也引发了两大显著变化。

首先，改变了高校导师与职前教师和实习院校教职员工的工作关系。上述谈及的两项专业技能课程往往涉及多次学校访问(第一门课程要求两次，第二门要求三次访问)，但我们关注的焦点已经从单个学生的监督模式转向根据实际情况提供协助的方法。每次的实地访问过程中，高校导师都会与实习院校实习辅导教师、协调教师以及职前教师保持沟通；如在两小时的访问中，高校导师会用一小时与职前教师小组进行“学习访谈”，半小时与实习院校实习辅导教师进行交谈，其余半小时与协调教师进行沟通。高校导师能够通过这种方式保证对实习过程所涉及的院校、实习辅导教师及职前教师进行全面的考量，避免单一的信息获取。如果高校导师能够与实习院校实习辅导教师直接沟通教学内容则更佳，但往往因为实习院校的实习辅导教师工作繁忙而无法持续。

其次，改变了与协调教师的关系。协调教师的职责在学习社群模式中不可或缺。协调教师负责管理职前教师，一般为学校校长、副校长或主任教师。传统的“实习”概念包含三类人群：职前教师、合作教师和高校监督者(Gaffey 和 Dobbins 1996；Guyton 和 McIntyre 1990；Zeichner 1999)。不可否认他们对实习的主要贡献，但协调教师的作用也不容忽视。他们在职前教师的协调管理中，往往兼任管理和行政的职责。在学习社群模式中，协调教师则更多需要扮演师范教育的角色。协调教师的主要职责在于直接协助职前教师，为实习辅导教师提供支持并与高校实习辅导教师保持密切沟通(Le Cornu 2011)。

专业人员持续的专业性学习

学习社群的重要特征之一是学校和高校专业人员要有持续的专业学习机会。该模式涉及实习人员及学校协调教师。高校实习辅导教师和学校协调教师往往会定期召开会议，共同探讨教学问题。这些会议的重点在于促进协调教师进一步认识自身的职责。高校实习辅导教师拜访学校时也会固定安排与协调教师的会见，保持沟通联络。以上种种方式均为职前教师的学习提供了有力支持。

高校实习辅导教师之间也会定期安排交流学习，共同商讨培养职前教师的"新"方式，目的在于"为提高职前教师学习的深度和广度提供协助，以促进其更好地适应当前和未来学习社群的要求"(Le Cornu 和 Ewing 2008)。

在过去的五年里，多次类似的研究和评估(如 Le Cornu 2008, 2009a, 2010)表明，根据学习社群的理念重新建构师范教学有诸多好处，如学校和高校师范教育者之间的信任度得以提高，岗前教育得到加强，专业学习的交流机会更多，教师相互学习的意识更强，学校参与此类项目的积极性更高。(鉴于教师离开教育岗位的趋势越来越明显，学校对教育的重视尤为重要)。当然这一学习社群的理念和贯彻也并非十全十美，但相互学习关系的加强却是不争的事实。我认为，相互学习关系是体验式学习可持续发展的核心方式。

讨论

师范教育硕士项目的学习社群模式强调了学习和实践过程的互利性，以及加强互利学习模式的方式。正如 Jordan(2006)所阐述:

“此类关系的重点并不在于参与者单纯提供帮助，而在于他们得以加入相互指导，相互学习的成长型关系”(2006：88)。Jordan 指出这种成长型的关系特点在于相互关系、授权和勇气的提升。上述三点是学习社群持续发展的基础。

相互关系

“相互性”是支撑学习社群的基础之一(参见 Le Cornu 和 Ewing 2008)。“相互性”即指学习社群中的成员不仅对自身学习发展负责，同时需要肩负督促社群中其他成员进步的责任。

学习社群的重要特征之一是强调所有成员需重视学习。社群中的所有关系均基于该要求。包括高校实习辅导教师和协调教师在内的所有人均是学习者，社群成员关系也随之改变。有人认为这种新的合作关系能够在职前教师、实习辅导教师、协调教师和高校导师间和谐发展，但 Cardini(2006：410)指出，尽管成员间的交流强调合作性，且该合作性也看似“隐藏了原本在工作场合易见的权利纷争”，但传统观点的束缚依然阻碍着教师和师范教育者的合作(师范教育报告中常涉及该类争论)。Kruger 等(2009：94)解释到：“师范教育总是有意无意地被认为存在等级制度：高校和学校；师范教育者和教师；在职教师和职前教师；师范教育者和职前教师”。

由于学习者的专业能力水平参差不齐，学习社群的能力提升也不在一个高度，但学习社群模式确实提供了相互学习的机会。与传统理念不同，这一观点更接近于所谓的“改变型关系”(Kruger et al. 2008)或“去机构化关系”(Smyth et al. 2008)。相互学习关系的理念要求对根深蒂固的传统师范教育和教学理念进行改革，以促进教育的进步。

与每一所合作院校长期保持良好关系对互助型关系的发展尤为重要，能够有效避免实习教师固定在某一所院校进行学习。专业知识培训学校(如 Whitehead 和 Fitzgerald(2007))的报告中强调了建立长期互信的重要性。

学习社群的另一特征即为保持成员间的沟通与交流。在学习社群中，专业探讨无处不在。职前教师之间、实习辅导教师之间、师范教育者之间或相互之间均存在着交流机会，从而形成不同教育理念、不同教育方式相互碰撞的新空间。这就是 Zeichner 所谈论的第三维度。Zeichner(2010：92)认为，“创建师范教育的第三维度即在师范教育理论和教育实践中寻求平衡点”。

授权

Jordan(2006：86)将授权这一特性称为“成长型关系”的基础。她认为，与“传统重复认知和无授权”的成员关系相比，授权能够让社群成员体验到与传统关系截然不同的力量、创造性和灵活性。(2006：85)。

毫无疑问，学习社群模式授予成员更大的自由度。首先，从微观或学校角度而言，该模式对成员的参与度要求更高。传统的成员身份认知较为模糊，而该模式需要成员身份进行转变以适应社区整体的参与要求。如职前教师的身份转变更为重要，不仅包括提高自身能力，还需要对社群中其他成员能力的提升负责。此外，职前教师不仅要求对所负责的学生承担责任，也要为整个学校做出贡献。

作为专业人员，实习辅导教师和协调教师的职责也随之有所变化(Le Cornu 2010)。当然，高校导师的职责还包括支持并改变传统的权利差异。Martin 等(2011：308)也同样认为高校协调者“引领着师范教育第三维度”。他们认为，我们需要在师范教育中平衡各方权利。当试图保持平衡时，我们会有意识或无意识的将权利均分。对我们而言，帮助职前教师和实习辅导教师认识到其有义务承担风险是一项重要的工作。

其次，从宏观角度而言，学习社群模式也改变着现状或“如何实践”的传统观念。协调教师对专业训练的文化重构起到十分关键的作用，他们为社群带来了不同的理念、习惯、态度和期望值。根据教育改革的历史，重组(改变规则、角色、职责和关系)和文化重构(改变理念、习惯、态度和期望值)都是成功教育改革必备的条件(Hargreaves 1994；Newmann 和 Wehlage 1995)。

协调教师十分支持自身职责的转变，并通过自发参加会议等方式深化明确其认识。他们积极参与专业术语和学术交流方式的改变，并与高校导师共同采纳整体和独特的学术交流方式。他们反对传统两元论中将“理论研究”优先于“实践工作”的观点。他们不赞同将理论与实践或做一名教师和一名学习者相互割裂。理论和实践的结合是推进学校和高校变革的动力。

提升勇气

Jordan 对“成长型关系”定义的第三个特征则为提升勇气，即能够坦然接受令我们害怕或犹豫的情形。

鉴于学习社群模式中的成员关系要求，为应对学校和高校的“变化”，成员有很多机会为他人提供帮助。不管其专业能力如何，职前教师都是“推动个体前进”的重要组成部分，他们能为彼此提供必要的感情支援。Nieoto(2003)在其进行的美国中学教师研究报告中也发现了类似结论，即推动学校教师进步的一个重要原因是来自“情感因素”。在对“学习型社群是推动教师发展的重要因素”报告中，她也做出了类似结论(引自 Gu 和 Day 2007：1304)。她写到：

在“实践型社群”(Wenger 1998)中，教师更容易获得强烈的归属感和责任感，技能和效率得以提高，并兼具社会性和专业性。(引自 Gu 和 Day 2007：1304)。

实习辅导教师对职前教师的影响重大，既能设置具有挑战性的任务，又能及时提供鼓励性的支持(McIntyre 1991；Zeichner 1990)。但我们更倾向于研究实习辅导教师和职前教师交流的重要性。实习辅导教师应主动保持与职前教师的沟通与交流，分享师范教育的经验，鼓励职前教师提高对师范教育的理解，进一步增强他们对教育的信心，以便更好地应对教育中可能出现的问题。

协调教师和高校导师之间也应保持相互支持的关系，在学校和大学改革的背景下，保持一致的观点、方针和相互的信任。Fullan (1997：221)将这种积极的观念与“希望”相联系：

了解“情感”和“希望”的双向关系十分重要。“希望”并不是仅指生活积极的一方面，更多强调的是在危机情况下保持镇定，并主动寻找解决复杂问题的方法。

他强调提高“希望”的条件在于促进内部和外部的联系。加强高校导师和学校协调教师的合作和专业交流则能提高双方应对师范教育变革的能力。

总而言之，在职教师、职前教师和师范教育者之间建立的相互信任、相互尊重的互利关系能够有效帮助其处理可能出现的教育困局。因此，作为体验式学习的可持续发展模式，应该具备应对学校和高校师范教育改革的能力，并能满足现有或未来教育的要求。该模式不仅适用于职前教师阶段，同样可应用于在职教师教育阶段。职前教师与学生或成人的关系也得以改变，从而导致单一教室与学校及师范教育关系的改变。在未来，由于监督实习辅导教师模式的不同，也将造成实习辅导教师监督职前教师方式的变化。

影响

学习社群的发展势必会影响师范教育者、在职教师、负责老师、职前教师、师范体系及政策制定者等。

Kruger 等(2009：12)在关于“有效和可持续的合作关系”的研究中指出：“该研究显示学校体系和政府对师范教育的影响重大。”即学校和政府应加大对新机构设置和教育举措的资金扶持力度，进行更广泛意义上的体系和政府改革，保障师范教育的资金投入。Zeichner

(2010：96)建议将现在大量花费在“官僚制度化监督项目”上的费用改用于支持学校－大学建立合作关系。

第二个影响则为大学应首先认可师范教育，其次在“第三维度探讨”时尊重师范教育者的工作(Martin et al. 2011)。之所以得出上述结论，是因为很多研究型大学普遍不重视师范教育(Zeichner 2005)，资深教授对专业师范研究的参与度也日渐降低。Zeichner(2005)指出在美国大学中，对实习教师的监督往往由与师范教育项目无关的兼职人员负责。Clandinin(2008)指出加拿大职前师范教育主要由研究生负责，而这些学生往往会进入学校。澳大利亚也发现了类似趋势。需要强调的是，在学校和大学教育变革的背景下，亟须重视资深教育专家在师范教育专业领域的贡献。学习社群模式要求高校资深学者积极参与关于高校师范教育的课程讲解，以培养职前教师的授课技能和交流能力。在校课程设置上不断“突破学科边界”(Giroux 2005)，改变对在校人员和职前教师的态度，并推行真正意义上的学习关系，不仅包括跨越传统意义上的大学和学校界线，还包括其他不那么显而易见的界线，如专业经验学者涉及的认知、人际关系等(Le Cornu 2009b)。

我十分赞同 Martin 等(2011：309)人的观点，即时间和制度支持对“师范教育改革”十分关键。该章节中涉及的模式获得了学校高层的支持以及南澳大利亚大学师范教育学院院长的支持。这一支持是“可持续模式”(Clandinin 2008)的保障基础。如师范教育者能够将导师工作计入工作量；学校校长或副校长也能从学校层面对协调教师提供支持。

第三个影响则是我们也应清醒地认识到该论文中涉及的任何重大结构或人员变革都需要花费大量时间和精力才能完成。正如 Bullough 和 Russell(2010：93)对学习社群模式的评价：“这确实是有趣的发展趋势，但要彻底调整根深蒂固的师范教育实践方式还需更多努力”。

结论

专业领域的学习社群模式是体验式学习的可持续发展模式。该模式之所以可持续发展，是因为它能够适应学校和高校改革的压力，并满足现有或未来教育的需求。学习社群模式在学校和高校中创建了新型的关系，注重联合性、可靠性和互利性。当然，由于学校和高校之间，以及社群成员之间的不平衡，相互关系的发展必然会遇到一些障碍，但正如该论文或其他论文(例如 Kruger et al. 2009；Lefever-Davis et al. 2007；Martin et al. 2011)中所列举的实例，其发展并非完全不可能。

后　记
高等教育中的平行世界

Trevor Kerry 和 Emma

如果读者读到了这里，那么他/她一定已经看过之前各章提出的论点，也一定了解每个作者各自的观点和理解。他/她一定注意到了Kerry 和 Kerry 近乎宗教信仰般的解析；Sherwood 对新的理念的探索；Robinson 的坦率；Ngwana 和 Liu 的历史视角；Löfgren 的实用主义；Kingsley 的热情；Hughes 和 Tight 详尽的分析；Bacsich 的幽默；Le Cornu 的小心推理。但自始至终，我们的中心问题都是高等教育中的学生。

这本书回顾了影响当今英国、欧洲和全世界高等教育的重要问题。在这本书的最后，作者希望他们提出了足够多的问题，这样读者可以结合自身情况思考答案。也许我们将这些问题拼凑在一起时应该做两件事。首先，我们需要总结这些问题。第二，我们应当提问，所有这些与高等教育相关的理论是否、如何、在多大程度上影响了每个学生。

在第一部分，我们讨论了伦理、自由和精神性的问题。Kerry 提出，如今的大学需要知道怎样对待客户，即学生、教职工和纳税人，才是符合伦理规范的。有人说现在的高等教育充满了问题，大学变得愈加商品化，愈加偏向管理主义，但高校仍应在探讨重大问题时保有社会的良知，加深学生对社会公平的理解。生活中的小事，如教职工的称呼、管理机构对教职工的态度、学生在协商过程中的主体地位，能体现出伦理道德遇到的困境：教职工个人、管理人员和整个院校公开或秘密持有的各不相同的价值观。我们在讨论中提到的关键词包括信任、尊重、管理和最重要的诚信。

讨论过伦理的问题后，Kerry 和 Kerry 又提出了学术自由的观点，探讨研究人员在 21 世纪高校中的作用。他们反对研究人员不应受任何制约的观点，认为这是极端且不符合逻辑的。他们提出，自由不应当与不受制约的自主或免责相混淆。他们表示问责的概念在社会中非常重要，每个人在民主中都有义务和责任。他们反对通过向研究人员施压所引起的伦理败坏，这种压力无处不在，可能是师生关系的压力，也可能是在商业环境中开展研究的压力。

我们之所以会对伦理行为产生怀疑、对学术自由进行辩论，部分根本原因是高校发生了剧烈变化。原来高校的运作主要靠宗教(信仰)的支撑，而现在却主要靠世俗之事。反复强调许多年轻的学生需要精神性的指导，需要满足生活的精神层面。本科生在他们一生中最容易受到影响的年纪来到大学。他们越来越需要牧师，但如今的牧师要面对多种多样的信仰，甚至是没有宗教信仰，人类精神的贫瘠已经根深蒂固。世俗主义不应再指人类宗教信仰的缺失，而应该指人们不信奉传统宗教信仰的现象。

在第一部分我们提出了一些哲学难题。第二部分主要围绕高校中的领导力和管理，以及高校经历的问题，细化了实际中遇到的难题。Robinson 坦诚地分析了处于大学顶层的管理层，全面分析了政治和财政变化为大学带来的急剧变化。她总结说人类资源的优化配置是在混乱时代中获得有效管理的关键。诚信是另一个关键，是有效管理的试金石。同时还提到了学生的主体地位，不仅是建立高校的目的，也体现在争论的过程中。

提到了高等教育不断变化的形式——国际化和全球化。他们有三个思路。首先，他们从历史的视野出发，发现虽然大学正式建立前就已经开始了国际化的进程，但在 21 世纪的今天，这种扩张活动

来自香港，她就读于一所“平板玻璃大学”(指英国在60年代关于高等教育的《罗宾斯报告》发表以后成立的大学，他们的建筑风格与以维多利亚建筑风格为主的红砖大学和更古老的古典大学形成鲜明对比)，并在几周前获得了学位。那所院校的研究表现很不错，也很有名。毕业后她选择在另一所校园大学继续读书，争取获得初等教育的教师资格。以下是她的陈述：

> 我上大学的主要原因是，我们之前都读过很多学校了，这是一件顺理成章的事。我们经过了GCSE考试和A level考试，接受高等教育是自然的事。我姐姐在一年前就这样考上了大学。这与将来的职业也有关，在学校别人告诉我们，如果我们上了大学，今后就会有更好的工作，会更有成就。
>
> 我们选择大学时会参考大学联盟排行和他们的录取分数线。地点也很重要。我一直都想去校园大学，因为我觉得在学校里更安全。课程评价也是我们参考的一个因素，我选择读与生物相关的理学士。
>
> 刚来大学的时候我就被震住了。大学在社交方面做得很不错，因为我变得更加独立，也遇到了很多新的面孔。刚开始我谁都不认识，这完全是一个新的起点。我第一年住在校内，认识了很多人。但从学术上讲，我并没有得到一对一的指导。刚开学的时候，我和我的导师见了面，谈了五分钟左右。在那之后，如果我需要帮助，或者需要他帮我解答些问题，我必须要主动联系他。除了导师之外，其他教师都只给我们讲课，他们不知道你的名字，也不知道你是谁。他们只是走进教室，说完要说的话，然后就马上离开了。
>
> 刚开始的时候我的确有些惊讶。在中学我们上课都是15个人左右，你可以和老师互动。但在大学，一门课有50到100个人。刚开始我有点害怕，感觉很不自在，但这却让你成长。中

学可以帮你申请大学，帮你联系大学入学申请办事处等等，但它不能帮你适应大学生活。很快你就意识到，你的成绩和成就都是为了自己，你要为自己负责这会让你更刻苦。

社交方面还不错。我遇到了很多人，遇到了中国人，在我的家乡并没有很多中国人。我在国际课程里认识了很多不同院系的同学。我们并不和自己院系的人住在一起，这能帮你建立自信。我必须实话实说，这确实让人提心吊胆的，但也很刺激。

我们在学习方法上没有得到任何指导。我们确实上过三节写作课，但仅此而已。第一年时，我们所有生物专业的学生，不分方向，都上一样的课。这有点像 A-level，交给我们很多专业基础知识。在第二年我们开始分方向，也必须选择是否要让国民保健制度(NHS)的相关机构对我们进行认证。我们觉得如果得到的认证，今后的工作可能会更好。如果要走认证这条路，要想毕业后能在 NHS 工作，我们就需要再读一年，才能得到认证。但实际上我们这届没有人获得了 NHS 的工作，所以认证到底有没有价值还值得商榷。我们这届甚至没有人能在 NHS 的实验室工作。

关于资格认定还有另一个问题。与 NHS 相关的课程是由 NHS 的员工讲授的，这引起很多麻烦。这些人的主要工作还是在 NHS，他们讲课的水平根本没达到要求。这个组织太烂了。上课的话题不断在改变。第一周给我们上课的老师可能到第八周才能回来继续讲课，他们也不知道该怎么判作业。

总的来说课上有的老师会发材料，这还是很有帮助的。他们列出重要的知识点，你在课下自习时可以参考。但有很多的课就像在玩游戏一样。老师们说你们要自己做研究，但直到三年级的时候我才知道到底如何展开研究。中学时老师告诉你需要做的事，你只要按照他们的建议做事就可以了。但在大学就不一样了，根本没有什么实用的建议。到了三年级我才知道该读哪些期刊、怎样学习、怎样提升分数，这时候才可能进步。

老师们似乎没有时间在课上覆盖所有的知识，因此在课上讲的都是比较基础的。我相信老师们很忙，但这意味着我们必须在课下自学没讲的知识。我们几乎每天都有课，没有课的那一整天还要泡在实验室里。

我也需要做科学研究，但导师并没有给我专门的时间跟他讨论问题。我有实验作业，有时我会通过电子邮箱向导师提问。实验作业就像课堂作业一样，直到三年级我们四人小组才有了自己的实验项目，有了一个专门指导我们的导师。

我并不看好学校和课程，但从积极方面来说，它们确实让我开阔了我的科学眼界。我对自己的专业方向很感兴趣，大学在这方面起了一定作用，但这主要是我自身的因素决定的。

在课外活动方面，我参加了一个生物社团，但它还不太成熟，也不是很活跃，除此以外就没有别的与科学相关的社团了。我加入了英籍华人的社团，交到了很多朋友。在二年级的新生欢迎周时，我担任了社团顾问。

其他学生的表现也各不相同。有的人作业成绩很不好，于是就变得悲观失望，怎么也打不起精神来。但我有一个朋友，他几乎没怎么上过课，但学习成绩却是顶尖的。平时成绩的分数常常很奇怪，尤其是论文成绩。我们交上一篇论文，然后被发回来，没有任何导师的指导，没有任何评语。有时老师会在作业上写些简评，但有时也只是给个分数而已。如果你想知道老师对你作业的看法，那你就得单独联系他。

毕业后我们很多人依旧很迷茫。我们原来都以为有了理科学位证书，就比较容易找工作，但事实根本就不是这样。很多人想先读个博士学位再工作，这要花很多钱的，而且现在政府也不提供援助了，况且即便这样，工作还是得不到保障。但我知道的从事社会科学研究的人都很快就找到了工作。

大学教会了你成熟和独立。我建议所有申请大学的学生们都要自信，尽可能地认识别人。但是大学的课程并没有向他们宣传的那样，能帮你找到工作。在我看来，大学为我提供了一些很好很基础的课程，最终我对科学的追求只是出于我的兴趣，而不是为了工作。我有很多其他专业的朋友，比如英语专业的，他们选择这个专业是因为他们对此感兴趣，兴趣是原动力。但对于我身边学建筑的朋友来说，却不是这样，他们主要是想在该领域工作。

我觉得大学的管理主义对学生没什么影响。我在那的时候，学校削减了一些经费。这确实让人们团结在了一起，更有斗志。至于学校的高级领导，我只在毕业典礼上看到了副校长，平时上课的时候，我都没见过院长或系主任。大多数的教学工作都是由比较低级别的教师完成，比如边攻读博士学位，边讲课的助教。

我觉得大学以后的表现和 A-level 的成绩没什么关系。我的成绩是 A，A，C，C，但大学是一个新的开始。我的朋友 A-level 的成绩都是 D 或 E，但上大学后成绩一流，名列前茅。A-level 并不意味这一切，成绩好坏只取决于你自己。

我发现我们专业的学习非常开放，你有很多选择。但英语专业的朋友却比较受限制。他们不能随便捡起一本书就学习，老师们也应该先看过这些书。但我们可以利用任何现代科学论文，学校鼓励我们收集这样的数据。科学是不断变化的，需要数据支持，因此只要是有数据支持的材料，我们就都可以学习。

有很多留学生。他们交的学费甚至比我们还要多。英语课一周大概只有一两个小时，这似乎是最不值的课。科学方面的课程很多，我们每天都有课，还有很多实验作业，社会科学稍微少一些，英语基本上不怎么上课。

教科学课的都是研究人员，这就是为什么他们会在大学里。他们讲课不过是为了挣钱，他们自己说的。所以他们走进教室，说完需要说的事，就走了。他们的主要任务是研究，他们是科学家，他们的激情都在研究上。

作业评分经常导致这些课程受到学生的批评，其中论文的评分是最差的。根本没有公开的评分标准。论文题目范围非常广阔，也不会有硬性规定。某个教师可能觉得这个方向是错的，而另一个教师则持相反态度。教师的评分标准不同，可是分数之间确实有差别的。

作为一位付过钱的顾客，我并没觉得我对课程的设置产生了任何影响。我们设有课代表，他应该代表所有学生的意见。我们也提过一些问题，比如考试时间安排和评分等，但都没什么变化。我们对评分提出意见后，有人通知我们如果有异议，可以单独和老师交流，我交流过很多次了。通常每交上一篇论文，我都会和老师讨论我的分数。老师说其他人的作业都已经发下来了，所以很难跟别人的作业对比再打分。于是她又读了一遍我的论文，跟我多加了一些分数，却依旧没有给我任何点评。

学生会在社交方面做了很多，我们有商店、有夜店，他们说赚的钱将会再用到学生身上。但我觉得学生会对校园的运作没有产生任何作用，我只觉得它比较偏重社交方面。他们确实在学费方面有所行动，但对于其他的政治问题，无论是在全国还是在校园内，他们都没什么活动。

编完这本书并听取了 Emma 的叙述后，我觉得有两个平行的大学同时存在。对于大学，竟然存在两种完全对立的描述，这让我觉得很不安也很难理解。

从积极角度来说，Emma获得了对科学的热爱，获得了最重要的智力素质，即通过证据获得真理。她对研究充满激情。她掌握了“上大学”的核心：作个独立的成人。她不仅开阔了学术方面和社交方面的眼界，也学会了包容他人、理解他人。

除此之外，我还感觉本科生相对来说不太受到高校的重视。他们对课程的意见显然没有产生作用，教授他们的老师既不是主流老师，也不是德高望重的老师，评判他们学术成绩的标准仍旧是个谜，受到很多非议。人们可能会说，小学生通过学校委员会对学校产生的影响，都比这些经过选拔的、优秀的本科生要大。至于教学质量，在之前的一本书中(Kerry 2010)，Harland和Scaife提议，年轻教师应该接受教学技能培训，即学术实习。他们也注意到，高校并不愿意推广这项培训：“学术实习……在学术界还比较边缘化，因为教学并不是研究人员的主要任务，尤其是在研究密集型的高校中”(2010：187)。在充满变化的时代里，创新仍是大学的短板，就像十年前Lynch(2003)提到“大学教师的工作环境近来不断发生变化，这可能会成为教育创新的阻碍”。

这些只触及了Emma说的话的表层意义，读者应该自行探索那些话的深层意义。

因此有些问题还有待回答。

1. 大学在哪些方面表现不错？

2. 大学在哪些方面表现不好？

3. 高等教育理论如何与现实联系起来？

4. 怎样在本科生的教育中培养学生对学习与研究的兴趣？

5. 如果职业教育是高等教育的一部分，为什么有时却不能有效地结合？

6. 为什么雇主和雇主的机构对高等教育的过程充满批评，

但却无力改进？

7. 政治的整体思维何时能将学习与工作联系起来？

8. 大学管理者是否已与他们的客户群远离，而使机构的运营成为目的本身？

9. 21世纪新形式的学术自由与公正的问责将形成怎样的关系？

10. 什么构成了“讲伦理的大学”？

11. 人们相信学生某时的考试成绩预示着他将来的发展前景，我们什么时候才能摒弃这种想法？

12. 大学，至少院系，会靠知名人士和他们取得的成绩宣传自己。但如果这些人很少或几乎不与招进来的成员联系，这是否是不诚实的表现？

13. 大学的作用就是帮助本科生爱上学习，学习如何成长，学习如何变为负责、思考的市民，学习如何通过工作和服务为社会做贡献。这样的说法合理吗？

14. 如果你同意本书提到过的原则和概念，你所上过的大学在多大程度上完成了这些要求？

读者还可以继续提问。我们的任务不过是为讨论注入新的动力。